历史的

丰碑

丛书

科学家卷

微生物学之父
巴斯德

申斯乐 编著

吉林人民出版社

图书在版编目（CIP）数据

微生物学之父——巴斯德 / 申斯乐编著 . -- 长春：
吉林人民出版社，2011.4（2025.4 重印）
（历史的丰碑丛书）
ISBN 978-7-206-07669-5

Ⅰ.①微… Ⅱ.①申… Ⅲ.①巴斯德，L.（1822～
1895）-生平事迹-青年读物②巴斯德，
L.（1822～1895）-生平事迹-少年读物 Ⅳ.
①K835.656.15-49

中国版本图书馆 CIP 数据核字 (2011) 第 037155 号

微生物学之父　巴斯德
WEISHENGWUXUE ZHI FU　BASIDE

编　　著:申斯乐
责任编辑:刘　学　　　　封面设计:孙浩瀚
制　　作:吉林人民出版社图文设计印务中心
吉林人民出版社出版 发行(长春市人民大街7548号　邮政编码:130022)
印　刷:北京一鑫印务有限责任公司
开　本:787mm×1092mm　　1/16
印　张:8　　　　字　数:72千字
标准书号:ISBN 978-7-206-07669-5
版　次:2011年4月第1版　　印　次:2025年4月第3次印刷
定　价:35.00元

编者的话

"欲知大道，必先为史"。

回溯人类的足迹，人们首先看到的总是那些在其各自背景和时点上标志着社会高度和进步里程的伟大人物。他们是历史的丰碑，是后世之鉴。

黑格尔说："无疑，一个时代的杰出个人是特性，一般说来，就反映了这个时代的总的精神。"普希金说："跟随伟大人物的思想是一门引人入胜的科学。"

以史为鉴，面向未来。作为21世纪的继往开来者，我们觉得，在知史基础上具有宽广的知识结构、开阔的胸襟和敏锐的洞察力应是首要的素质要求，而在历史的大背景中追寻丰碑人物的思想、风范和足迹，应是知史的捷径。

考虑到现代人时间的宝贵，我们期盼以尽量精短的篇幅容纳尽量丰富的信息，展现尽量宏大的历史画卷和历史规律。为此，我们编撰了这套丛书。

编撰丛书的过程，也是纵览历代风云、伴随伟人心路、吸收历史营养的过程。沉心于书页，我们随处感受着各历史时期伟大人物所体现的推动历史进步的人类征服力量。我们随着伟人命运及事业的坎坷与辉煌而悲喜，为他们思想的深邃精湛、行为的大气脱俗而会意感慨、拍案叫绝。

然而，在思想开始远游和精神获得享受的同时，我们也随之感受到历史脚步的沉重和历史过程的曲折。社会每前进一步都是艰难的，都伴随着巨大的痛苦和付出。历史的伟大在于它最终走向进步，最终在血污中诞生了鲜活的"婴孩"。

历史有继承性和局限性，不能凭空创造。伟人也有血肉，他们的思想、行为因此注定了同样具有历史的局限性和阶级的、时代的烙印；他们的功业建立于千千万万广大人民群众伟大创造的基础上。历史是人民群众创造的，伟大的人物们是历史和时代造就的。同时，我们也无法否定此间他们个人的努力。这也正是我们编撰这套丛书的目的。

我们期盼着这套丛书得到社会的认同，对读者，特别是青少年读者之历史感、成就感和使命感的培养有所裨益。史海浩瀚，群星璀璨。我们以对广大青少年读者负责的精神，精心遴选，以助力青少年成长进步，集结出版了《历史的丰碑》系列丛书，敬请读者批评、指正。

历史的丰碑丛书

编　委　会

策　划：　胡维革　吴铁光

　　　　　林　巍　冯子龙

主　编：　胡维革　邢万生

副主编：　贾淑文　谷艳秋

编　委：（按姓氏笔画为序）

　　　　　于二辉　刘士琳

　　　　　刘文辉　孙建军

　　　　　李艳萍　吴兰萍

　　　　　杨九屹　隋　军

路易·巴斯德出生于法国多尔镇，是19世纪最杰出的科学家之一，曾任法兰西学院院士，多次获得法国国家荣誉勋章。他早年从事化学研究，成为晶体研究方面的权威，后来介入了微生物学的研究领域，从此接连取得成果。他确认了发酵过程是微生物作用的结果；确认了人与动物的传染性疾病必由微生物引起，并找到了防止传染病流行的最好措施——接种减毒菌苗以免疫。

　　他发明的巴氏灭菌法，为酿造业带来了福音，为外科手术中的消毒提供了理论依据；他发明的狂犬病疫苗，挽救了无数人的生命；他发明的炭疽病、鸡霍乱疫苗，拯救了法国的畜牧业和禽业；他有效地控制了蚕病的蔓延，使濒临绝境的蚕丝业恢复了生机。

　　他还是一位科学斗士，极富挑战精神，为真理而战，从不屈服于权威和传统保守势力。他一生都在为人类的幸福而工作，受到了全世界人民的崇敬。

目 录

历史的丰碑丛书

立志要干一番大事业

> 啊，青春，青春！或许你美妙的全部奥秘不在于能够做出一切，而在于希望做出一切。
>
> ——屠格涅夫

1822年12月27日，在法国多尔镇一户鞣皮作坊的寒酸的小屋里，路易·巴斯德诞生了。他的家族直到其曾祖才摆脱了农奴的身份，成为自由人，他的父亲靠祖传的鞣皮手艺赚钱度日，养活着4个孩子：小巴斯德和他的3个姐妹。他出身卑微，生活清苦。

虽然巴斯德从小没有优越的物质生活条件，但他有一位非常慈爱、特别通晓事理的父亲和一位贤惠善良的母亲，所以他的童年幸福而快乐。

巴斯德的父亲，让·约瑟夫·巴斯德，从小失去双亲，由亲属抚养长大，没有受过正规教育。他服兵役，当过军士长，退伍后回到家乡萨兰市，结识了聪明活泼、富于幻想的姑娘让娜·艾蒂安内特。他们很快相爱，婚后迁居到多尔镇，在鞣皮匠街安了家。当小巴斯德刚刚记事时，一家人又搬到了阿尔布瓦市附近，仍旧开鞣皮作坊。

日子过得很快，小巴斯德到了该上学的年龄，让·约瑟夫夫妻俩深为自己儿时无钱念书而遗憾，决心让自己的儿子接受良好的教育，成为一个有用的人，他们对小巴斯德寄予了无限的希望。

巴斯德进了阿尔布瓦中学的附属小学，他是班级里年龄最小的孩子，他的老师认为：他是"班级中个

←巴斯德(微生物学之父)

子最小、最羞怯、最不见得有出息的一名学生"。尽管小巴斯德在班里毫无出色的地方，但他却有一种争强好胜好为人师的天性，他总是想教别的孩子，特别是想管别的孩子，他野心勃勃要当班长。后来，他也真的当了班长。他遇事总是思前想后，对什么事都想刨根问底，许多人不喜欢小孩子这样，所以叫他傻瓜。

巴斯德9岁那年，一天邻居铁匠铺里抬来了一位被疯狼咬伤的农民，当时人们救治这样人的唯一办法就是用烧红的铁烧焦伤口，可这常常并不管用，受伤者仍要死于咽喉堵塞的狂犬病。巴斯德目睹了这悲惨可怕的一幕，烙铁放在皮肤上的嗞嗞声和那撕心裂肺的惨叫声，还有那焦糊难闻的气味，直往巴斯德的耳朵和鼻孔里钻。几天后那个可怜的人临死前不可名状的痛苦神态和那张极度扭曲的脸印在了他的脑海里，赶也赶不走。他比一般的孩子更容易受刺激，更容易受惊吓，他好长一段时间里为此事而惶惶然。他百思不得其解，就去问父亲："爸爸，狼或狗怎么会疯的，为什么被疯狗咬了就要死？"一个当鞣皮匠的父亲实在无法知道得再多了，便告诉他："大概是魔鬼附到了狼身上，而如果上帝要你死，你就不得不死，毫无办法。"巴斯德不再追问了，从此把这事深深地埋在心里。

　　几年后，巴斯德进入阿尔布瓦中学。他依旧只是个普普通通的好学生，并没有显示出特别的才华。父亲开始为他的前途而忧虑：这孩子除了喜欢画画外对别的没有什么显而易见的爱好，将来怎么办呢？为了帮儿子一把，他开始自学，和儿子一起做家庭作业。他真是一位难得的好父亲，无怪巴斯德成名后说他所取得的一切成就都归功于他的父亲。

　　第一个发现巴斯德才华的人是阿尔布瓦中学的校长罗马内先生。他觉得这孩子成绩虽不卓越超群，但学习刻苦、做事细致审慎，没有把握的事决不轻易认可（这一点恰恰常被人认为迟钝），同时又有着极其丰富的想象力，这两种矛盾的性格结合为一体是很不容易。罗马内常与巴斯德一起散步并激励他要干一番

大事。刻苦而好胜的巴斯德，静静聆听着恩师的教诲，眼睛里闪烁着希望的光芒，心里充满了对未来的美好向往。他暗下决心，一定不辜负父母和老师的厚望，要成为一名有用的人。

让·约瑟夫在一位老朋友的鼓动下，决定把儿子送到巴黎去念书，于是巴斯德进入了巴贝尔学校（进入大学的预备学校）。这位15岁的少年，第一次远离家乡和亲人，他受不了这种孤寂，每天晚上辗转反侧，看着酣睡的同学，感叹长夜漫漫。他害了严重的思乡病，悄悄地对同来的老乡说："哪怕只要闻一闻鞣皮院子里的气味，我就会好的。"校长巴贝尔先生尽力让他开心，想办法把他的注意力转移到别的事情上去，可一切都无济于事，最后只好写信给巴斯德的父亲。这样巴斯德结束了第一次巴黎求学，跟着父亲又回到了家乡的阿尔布瓦中学。

巴斯德仍旧喜欢画画，而且水平提高很快。他画邻居的伯伯、婶婶、小同学，还有他的父母亲，当然也少不了他的妹妹。妹妹为他当模特儿，直坐得腰酸背痛，抱怨不已。

巴斯德学习更加努力了，这一年年底，在学校得到的奖品双手都拿不下了，老师和朋友们也对他大加赞赏。这些又点燃了他心中的希望之火，他想进入高等师范学校（以培养青年教授为目的的学校）的雄心又复活了。但是在阿尔布瓦中学是无法取得大学入学考试资格的，他必须到离家40公里外的贝藏松中学去。

这时的巴斯德已不再满足于听别人恭维他是艺术家了，他一心想要上大学。他越来越如饥似渴地学习，学业进步很快。他还经常写信鼓励妹妹们好好学习："我宁愿在学校里得第一名，也不要谈话中受到的万句称赞。……亲爱的妹妹，让我对你们再说一遍：努力学习，互相友爱。一个人一旦对学习习惯了，他不学习就没法过日子；而且在这个世界上，一切都取决于学习。一个人用学问武装起来后，就会出类拔萃。"

　　1840年夏，他获得了大学文科入学考试资格即文学业士学位。第二年学校聘他担任低年级的辅导教师，他一边当老师，一边在数学特别班里当学生，为入大学做准备。当第一次领到薪金时，他告诉父母：他愿意出钱供小妹上中学。巴斯德总是这样怀着一颗友善、慈爱的心，无论是对家人还是对朋友，以及其他的人，从没有改变过。

　　1842年夏，巴斯德又通过了理科入学资格考试，被准许参加高等师范学校的考试，但在22名考生中，他居15位，巴斯德实在不能容忍这样的成绩，于是决定下一年再考。

　　巴斯德有一位最要好的朋友夏皮，为了更好地准备考高等师范学校，先期去了巴黎。在夏皮的鼓动下，1842年10月巴斯德第二次来到了巴黎。

　　此时，巴斯德已不是初次来巴黎时的那个胆小羞怯、一心想回家的孩子，而是一位胸怀远大志向、一切困难都吓不倒的青年人了。他又来到了巴贝尔寄宿学校，只付了三分之一的学费，代价是每天早晨教低年级学生数学。这时期，他除了准备高等师范学校的考试外，还常常去索邦（巴黎大学前身）听著名化学家杜马先生讲学。杜马先生出神入化的讲述，强烈地吸引着巴斯德。他告诉家里人，杜马先生的课简直是精彩极了："你们想象不出有多少人去听他的课，教室很大，但总是座无虚席。我们必须提前半小时到才能搞到座位，就像上戏院一样；掌声不绝，始终有六七百名学生。"巴斯德成了杜马的忠实"信徒"，他深受杜马的鼓舞而激起了满腔热忱，这也许就是他要献身化学的最初动力吧！

1843年，他以优异的成绩考入了高等师范学校，实现了多年的愿望，全家人都为他的成功而高兴，同时也为他的过度用功而担心。父亲每次写信都忘不了告诉他注意身体："你知道我们多么担心你的身体；你学习这样过度，你晚上用功不伤眼睛吗？你已经达到

←法国葡萄酒在世界上享有盛誉

了目前的地位，现在应该满足了!"他还叮嘱夏皮劝巴斯德不要太用功了。可巴斯德的事业刚刚起步，怎么能停止不前呢？他一头扎进图书馆，渴求学习更多的知识，渴望献身伟大的事业。

夏皮为了履行对巴斯德父亲的承诺，当起了巴斯德的监督人。他常常来到实验室，坐在凳子上泰然自若地等上几十分钟，对于这种忍耐和隐含责备而默不作声的态度，巴斯德可不能无动于衷，于是他只好停下来，无可奈何而又十分感激地领受夏皮的好意："好吧，咱们去散散步吧。"

即使是散步闲谈，巴斯德也离不开他的化学。他总是与夏皮大谈酒石酸，完全没有理会这位学哲学的学生能否听懂。说来也怪，巴斯德有一种天赋的才能，他可以用三言两语把最难理解的科学问题讲明给一位对科学最不感兴趣的外行，并使之听得津津有味。在他的感染下，连夏皮对酒石酸也略知一二了。

酒石酸最初是在葡萄酒桶里结的那层厚厚的硬皮中发现的，后来人们在制造酒石酸时，偶然获得了副酒石酸（或外硝旋酸），但此后又无法得到了。当时的一位德国化学家米切尔里希写了一篇关于这种奇怪物质的论文，认为：酒石酸与副酒石酸有同样的结晶形态、原子性质和数量，原子排列及距离也是一样的，

　　然而，溶解了的酒石酸盐旋转偏振光面，而副酒石酸盐却无旋光性。

　　巴斯德把这篇论文读得几乎能背下来，他多想立即动手去解决米切尔里希提出的问题，可他面临着学士考试和教授资格考试，无法把注意力集中在这个问

题上，为此，他十分遗憾。他在给父亲的信中流露出一种无奈："你要当上尉，必须先当少尉。"

无论多忙，巴斯德与家人、友人的信一直不断，并仍旧乐于助人。阿尔布瓦中学的老校长请他担任学校的名誉图书馆馆员，负责选购科学和文学书籍，并在给他的信中写道："你曾是我校一个最优秀的学生，永远是我们的一个最要好的朋友。"除了这些，巴斯德还有一个特别的任务，那就是教父亲读书。这个曾由父亲教过字母的孩子，成了父亲的老师，他常常寄去课本和作业题，父亲则把答案做好寄回巴黎。

巴斯德奔波于图书馆、实验室之间，他的成绩虽不是名列前茅，但他的韧劲是无人能比的。化学课上讲了磷的获取方法，但由于实验需要很长的时间而没有操作，巴斯德却自己买来一些骨头，一丝不苟地提炼起来。当他从一大堆骨头里获取了60克磷时，第一次尝到了科学工作带来的欢乐。他把这60克磷小心翼翼地装入瓶里并工工整整地贴上了标签，许多同学对他的举动不以为然，甚至不无讥讽地称他为"实验室的栋梁"（此后被证明是千真万确的）。夏皮可不，他深知巴斯德的能力，他常常充满信心地对人说："你会看到巴斯德将成为什么样的人物。"

巴斯德就像展开了翅膀的大鹏，他要飞向哪里，要飞多远，没有人能预见，就连他自己也不知道，但他人生之路的准则已确定：造福于人类，成为一个有用的人。

← 有关巴斯德的出版物

一鸣惊人

> 抱着一颗正直的心，专心致志于事业的人，他一定会完成许多的事业。
>
> ——赫尔岑
>
> 才能来自对事业的热爱，甚至可以说，才能实质上无非就是对事业的热爱，对工作的热爱。
>
> ——高尔基

1846年，巴斯德从高等师范学校毕业了。

虽然他在学士考试中只得了第七名，但巴拉尔先生却独具慧眼，把他接纳进了自己的实验室。巴拉尔是一位相当出色的学者，他因发现化学元素溴而驰名世界时才24岁，42岁时他当选为科学研究院院士。巴斯德为自己能和这样的老师在一起而十分快乐。

几个月后，教育部要派巴斯德去距离巴黎500公里的一个偏远小镇中学教物理，巴拉尔竭力阻止。他说这样的年轻人应该留在实验室里，应该继续攻读博士学位，否则太令人惋惜了。在巴拉尔的坚持下，巴斯德终于留了下来。

1846年底，劳伦特来到这个实验室。他原是波尔多学院的教授，在科学界有着很大的影响，他的到来使巴斯德十分兴奋。劳伦特请巴斯德协助自己对某些理论进行验证，巴斯德深感这是一次极好的机会。他对夏皮说："即使万一工作未能获得具有发表价值的成果，和这样一个有经验的化学家从事几个月实践工作，对我也很有益处。"正是在这次合作中，巴斯德对结晶的兴趣更大了。

1847年，巴斯德通过了一篇化学学位论文《亚砷酸饱和量的研究——关于亚砷酸钾、亚砷酸钠和亚砷酸铵的研究》和一篇物理学学位论文《关于液体旋转偏振现象的研究》。巴斯德把两篇论文邮给父亲，他总是这样把取得的每一点成就都及时告诉父亲，无论父亲能否理解其科学价值。父亲也总是受到儿子的感染，把他的实验看得极为重要，为这个有出息的儿子而高兴。他说：我们无法判断

你的论文，但仍然感到万分欣慰，我有这样一个凭着自己能力而达到这样地位的儿子，是多么幸运啊！

鞣皮匠父亲对儿子所取得的成就已深感满足，别无它求。可巴斯德决不满足于这些，他要一鸣惊人！

1848年，巴斯德在研究酒石酸和酒石酸盐时发现，它们的结晶有细小的晶面，这些晶面只存在于半数的棱和相似的角上，形成所谓半面晶形，这些结晶的镜像不能与自身重合，即不对称。巴斯德想到晶体的形态可能与分子结构有关，形态上的不对称也许反映了其分子结构不对称。

巴斯德推测：酒石酸盐使偏振光右旋是与其结晶所反映的分子结构的不对称相一致的，而副酒石酸盐不旋光一定不是半面晶形的。他开始检验这种想法，结果却使他大失所望——副酒石酸盐的结晶也是半面的。可仔细检查又发现，副酒石酸盐的半面结晶有两种，一种向右偏，一种向左偏。巴斯德灵机一动，把向左和右的两种结晶一一区分开来，他要用旋光仪观察一下这两种结晶的旋光性及两者等量混合后的旋光性。当他把样品小心翼翼地放在旋光仪上时，心怦怦地跳个不停，他终于看到了自己设想的情况。"我成功了！"他兴奋得顾不得再看一眼旋光仪就奔出实验室，在走廊里他一把抱住一位走过来的同事，欢呼着说：

"我成功了！"

他解决了米切尔里希提出的酒石酸向右旋转偏振光而副酒石酸不旋光的原因：副酒石酸分为右旋和左旋两种，酿酒时产生的天然酒石酸为右旋，而偶尔得到的副酒石酸为右旋和左旋酸的等量混合物，所以就不发生旋光性。

巴斯德的结论震惊了化学界。研究院里的院士们在图书馆谈论着巴斯德和酒石酸，杜马只是凝神细听，而毕奥则不，这位法国化学界的泰斗第一次听到巴拉尔说起一个年轻人解决了米切尔里希的问题时，大不以为然："你能肯定吗？我要检验一下那个年轻人的成果。"

← 斯特拉斯堡大学

巴斯德立即写信请求与毕奥见面。他一方面想结识一下这位令他无比尊敬的人，同时也想让毕奥对他的成果深信不疑。这样巴斯德带着一种初生牛犊的勇气来到法兰西学院会见毕奥。

毕奥拿出一些副酒石酸给巴斯德，同时拿出一些钠和氨，让巴斯德当着他的面制备副酒石酸盐。当副酒石酸盐制好后，巴斯德把这些半面性相反的结晶指给毕奥看，并仔细将他们分开。毕奥看着巴斯德："你确信这些右旋结晶将使偏振光右旋，左旋结晶将使偏振光左旋吗？"

"是的。"巴斯德极为肯定地点点头。

"好吧，其余的由我来做。"

毕奥亲自配好溶液，将其放在旋光仪上。这时，这位年届70岁的老科学家激动不已，他一把抓住巴斯德的胳膊："我亲爱的孩子，我一生非常热爱科学，这一发现使我非常激动。"

毕奥成了年轻的巴斯德的最为坚强有力的后盾。巴斯德在科学研究院报告了这一发现——《结晶形态，化学成分及旋光方向之间可能存在的关系之研究》，毕奥高度评价了这一成果，并建议科学研究院给巴斯德的论文以最高的赞许。

巴斯德已经毕业好长一段时间了，教育部不能再拖延委以他一个明确的职务。虽然巴拉尔多方进行活动，但巴斯德还是被派往第戎中学任物理学教授。教育部长准许他延迟到11月动身，以使他完成眼下的工作。毕奥对此异常气愤，他把怒气发泄到政府当局的官僚机构上："至少他们该派你到学院去！他们简直不知道这种研究高于一切，可恨的是他们不懂，这样的论文只要两三篇就足以使人获得进研究院的资格了。"

可这无济于事，巴斯德不得不离开实验室，离开这些慈爱的师友，中断他心爱的研究工作。他来到了第戎中学。开始几周十分沮丧，但很快他便全身心地投入到教学中，无论做什么，他都尽心竭力。他写信告诉夏皮："我发现备课花了我不少时间。只有细心准备后，我才能讲得很清楚，才能使学生集中注意力听

← 法国五大酒庄之一：奥比昂酒庄

讲。如果马虎草率，我就讲不好，就会讲得含糊不清。"

就在巴斯德专心致志于他的新任务时，他的老师们都在为他奔忙。毕奥、巴拉尔等人大声疾呼：像巴斯德这样的年轻人实在难得，如不让他从事研究工作太可惜了。是巴斯德的才华，也是老师们的真诚感动了教育部长。1849年1月（他到第戎中学两个月后），巴斯德接到了任命他为斯特拉斯堡学院助教的通知。

来到斯特拉斯堡学院，对巴斯德来说不仅是事业上的一次转折点，也是他开创幸福生活的一次机遇。他在这里结识了斯特拉斯堡学院院长 M.劳伦特及其家人，他立刻感到这个幸福的家庭对他产生了极大的吸引力。这个家庭虽然在社会地位上与他的家庭相差悬殊，但其所表现出的和睦、友爱、热情、淳朴及高尚情感却如出一辙，尤其吸引他的是劳伦特的小女儿玛丽小姐。巴斯德不能再等了，他来到这里还不到一个月，便给劳伦特先生写了一封信，他提到了他的家境、父亲、妹妹及刚刚去世的母亲，他说："我毫无财产，我的唯一的财富是身体健康，略有勇气，在大学里任教。"他表达了他要在科学上有所造就的雄心壮志。

在他获准与玛丽直接通信后，他给玛丽写了一封热情洋溢的信："姑娘，我所请求于你的是切勿对我作

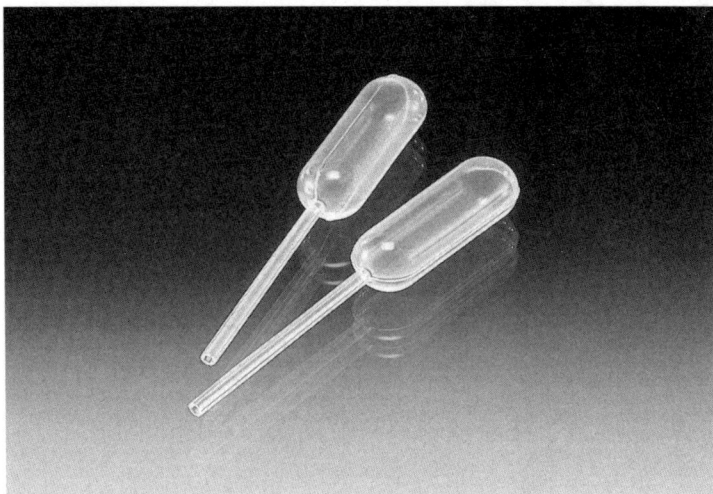

←巴斯德吸管

出过分急躁的判断，以免判断不当。日子久了，你会看到，我的冷冷的、羞怯的、不讨人喜欢的外表里面，有一颗对你深情挚爱的心！"

很快，巴斯德的父亲来到斯特拉斯堡正式为儿子求婚，自然是水到渠成，1849年5月29日，他们举行了婚礼。

婚后，巴斯德夫人很快成了丈夫的得力助手，整理笔记，抄写报告，她觉得自己责无旁贷。她从丈夫的目光中就完全能知道他实验的进展情况，他们之间的和谐默契一直为后人所传颂。

每年假期，巴斯德都要到巴黎去，拜望恩师，并参加科学院的学术报告会。巴斯德的学识水平越来越为学术界的同行所承认。

　　1852年初，一位物理学家提议："普通物理部出现了一个空额，为什么不让巴斯德来补上呢？"毕奥却摇摇头说："他应该属于化学部。"并且他在给巴斯德的信中说明了他的想法：你的工作使你在化学上而不是物理学上有地位，在化学上你是一流的发明家，而在物理学上你只是应用了已知的方法。你还年轻，不要急于在名利和地位上考虑过多。

　　巴斯德完全理解这位可敬的老人一片真诚的教诲。他赞同毕奥的观点，他知道自己的路还很长，他深信自己的能力，对前途充满着希望。

　　1852年夏，巴斯德在巴黎意外地遇见了米切尔里希。米切尔里希对巴斯德的研究成果非常钦佩，他还告诉巴斯德，德国有位实业家又生产出了一些副酒石酸，而且其原料是产于里雅斯特（意大利东北部的海港）的。

　　巴斯德产生了一种强烈的冲动：我可以走遍天涯海角，我一定要发现副酒石酸的来源。他无法抑制自己的热切愿望，请求教育部或科学院为他提供一些经费，可这些官僚机构的拖沓作风逼得巴斯德要直接向共和国总统呼吁了。他想，我一定要最先解决这个问题，这个荣誉应该属于法兰西！

　　巴斯德再也等不下去了，他不顾一切地出发了。

这次行程经历了近一个月的时间。他走访了德国、奥地利、匈牙利等国的各大酿酒基地，终于澄清了副酒石酸之所以不易获得的原因：酒石中都含有副酒石酸，但副酒石酸在精制的过程中极易破坏，所以酒石经过处理后出厂时，其中的副酒石酸已不存在了。

这次考察获得了极大的成功。《实报》报道这一消息时说："觅宝藏、寻美女，也从没有这样无限的热情，登山越岭以求之。"

但巴斯德却不满足，他又开始新的设想。能不能从酒石酸中获取副酒石酸呢？他被这一想法所诱惑，便开始动起手来。成功再一次降临到他的头上，他将辛可宁酒石酸置于高温中数小时之后，酒石酸果真转变成了副酒石酸。这是一个很久以来连他自己也认为是不可能实现的一种转换。并且，他还在实验中发现了中性的，即不旋光的酒石酸。

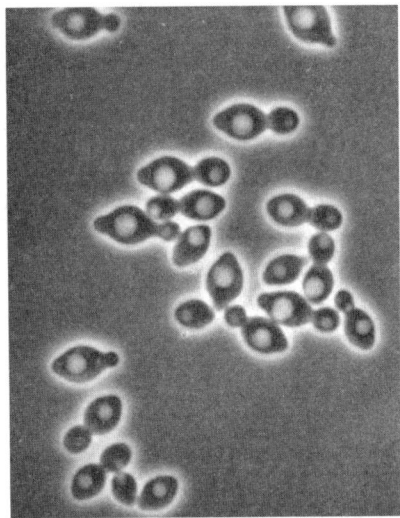

微生物的发现，为人类解除了病毒的秘密。图为正在分裂的酵母菌。

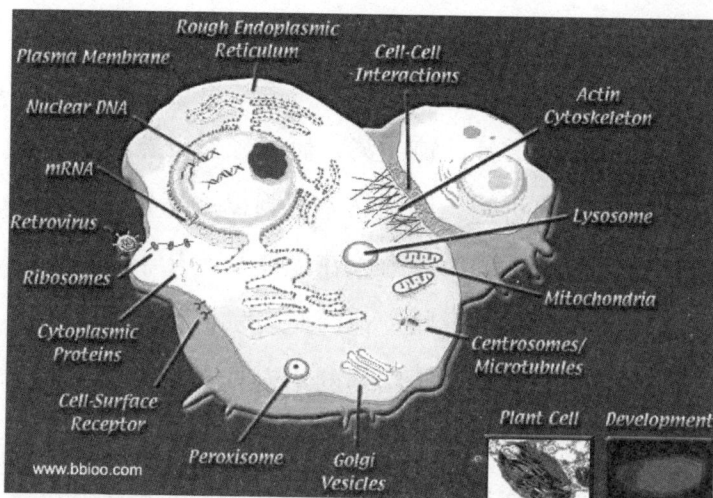

现在，人们知道了4种酒石酸：

1. 左旋酒石酸

2. 右旋酒石酸

3. 左右旋酒石酸的等量混合物：副酒石酸

4. 不旋光的中性酒石酸

巴斯德不仅澄清了酒石酸的问题，而且他的研究开创了物质结构与光学性质研究的先河，为20年后所产生的一门新兴学科：立体化学奠定了基础。

1853年1月，科学院专门召开会议，讨论为巴斯德越来越杰出的成就授予荣誉的问题，大家一致同意授予他荣誉军团勋章。当巴斯德佩戴着荣誉军团勋章的红色绶带回到家乡阿尔布瓦时，他的父亲激动万分，他为这个杰出的儿子而骄傲自豪。同时，他马上想到这与毕奥的帮助是分不开的，便马上提笔为毕奥写了一封热情的道谢信。

巴斯德出了名，领了奖，研究经费也宽裕了，他又开始了新的实验。他把晶体切割掉一部分，然后再放回母液，微小的晶粒附着在晶体上，几小时后，晶体又恢复了原来的形状。他受此启发，想到了动物的伤口愈合，想到了分子结构的不对称与宇宙万物的不对称性，于是他想用不对称力在产生各种化学现象和生物现象上起作用。他设计了一套装置，利用其改变太阳反射光方向，照射植物，希望植物能先向一个方向旋转，再向另一方向旋转。

可这次没有成功，他很快就失望了。正当他眼前一片黑暗之际，一个偶然的发现把他领到了另一个方向：副酒石酸盐的溶液放在通常的发酵条件下，只有右旋酸减少。巴斯德意识到，这一定是发酵时酵素更容易利用右旋酸的缘故，这是获取左旋酸的好方法，他发现了分子的不对称性在生理学范畴的作用。

最为重要的是，发酵现象的研究，引导他走上了一条更广阔的成才之路，使他最终成为微生物学的主要奠基人之一。

相关链接
XIANGGUAN LIANJIE

溴的发现者——巴拉尔

溴首先是由法国化学家巴拉尔发现的。

1802年9月30日，巴拉尔出生于法国的蒙彼利埃。他出生于一个普通的家庭，父母整天忙于制酒。巴拉尔的教母发现他很聪明，一心要培养他成才。巴拉尔17岁时毕业于蒙彼利埃中学，接着升入药物学院学习药物学，24岁时获医学博士学位。

还在他当学生的1824年，22岁的巴拉尔在研究盐湖中植物的时候，将从大西洋和地中海沿岸采集到的黑角菜燃烧成灰，然后用浸泡的方法得到一种灰黑色的浸取液。他往浸取液中加入氯水和淀粉，溶液即分为两层：下层显蓝色，这是由于淀粉与溶液中的碘生成了加合物；上层显棕黄色，这是一种以前没有见过的现象。

这棕黄色是什么物质呢？巴拉尔认为可能有两种情况：一是氯与溶液中的碘形成了新的化合物——氯化碘；二是氯把溶液中的新元素置换出

来了。于是巴拉尔想了些办法，先试图把新的化合物分开，但都没有成功。巴拉尔分析这可能不是氯化碘，而是一种与氯、碘相似的新元素。

他用乙醚将棕黄色的物质经萃取和分液提出，再加苛性钾，则棕黄色褪掉（我们现在知道，

$$Br_2+2KOH=KBr+KBrO+H_2O$$

溴已经转变为溴化钾和次溴酸钾）。加热蒸干溶液，剩下的物质像氯化钾一样。把剩下的物质与浓硫酸、二氧化锰共热，

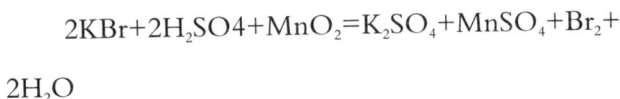

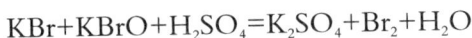

$$2KBr+2H_2SO4+MnO_2=K_2SO_4+MnSO_4+Br_2+2H_2O$$

$$KBr+KBrO+H_2SO_4=K_2SO_4+Br_2+H_2O$$

就会产生红棕色有恶臭的气体，冷凝后变为深红棕色液体。巴拉尔判断这是与氯和碘相似的、在室温下呈液态的一种新元素。他将这种新元素定名为muride。

法国科学院于1826年8月14日审查了巴拉尔的新发现。由3位法国化学家孚克劳、泰纳、盖·吕萨克共同审查。他们签署的意见这样写道："关于溴是否是一种极简单的个体，今日我们更有知道的必要，我们已经做过的不多几次的实验也许还不

足以证明它确实是极简单的个体，然而我们认为至少是很有可能的。巴拉尔先生的报告作得很好，即使将来证明溴并不是一种单体，他所罗列的种种结果还是能够引起人们极大的兴趣的。总之，溴的发现在化学上实为一种重要的收获，它给巴拉尔在科学事业上一个光荣的地位。我们认为这位青年化学家完全值得受到科学院的鼓励。"但他们不赞成巴拉尔对溴的命名，把它改称为bromine，含义是恶臭。

→溴的发现者——巴拉尔

相关链接
XIANGGUAN LIANJIE

酒石酸

酒石酸最早由瑞典化学家卡尔·威廉·舍勒于1769年发现，又称2，3-二羟基丁二酸。结构简式 HOOCCH(OH)CH(OH)COOH。酒石酸氢钾存在于葡萄汁内，此盐难溶于水和乙醇，在葡萄汁酿酒过程中沉淀析出，称为酒石，酒石酸的名称由此而来。酒石酸主要以钾盐的形式存在于多种植物和果实中，也有少量是以游离态存在的。

酒石酸分子中含有两个相同的手性碳原子，存在3种立体异构体：右旋酒石酸、左旋酒石酸和内消旋酒石酸。

等量右旋酒石酸和左旋酒石酸的混合物的旋光性相互抵消，称为外消旋酒石酸。各种酒石酸均是易溶于水的无色结晶。

舍勒

巴氏灭菌法

现在并没有公认的事实足以证明微生物能在没有胚芽的情况下，没有与自己一样的亲体而诞生。确信有此的人是受了幻想的欺骗，受了不精确实验之骗。

——巴斯德

没有理论，实践不过是习惯产生的例行工作。唯有理论才能唤起发明灵感，使其得以发展。

——巴斯德

1854年9月，巴斯德奉命担任新建于里尔的理学院教授兼教务长之职。里尔是一个很富庶的工业城市，酿造业极兴旺，这为巴斯德日后的研究提供了场所。

建校伊始，年轻的教务长巴斯德就在开学典礼上以他那极富感染力的演说号召学生们重视理论也要重视实践。实践如同旅行学地理，这样学习的知识会很扎实；理论的发现就像新生的婴儿，会点燃希望之火。

巴斯德以极大的热情投入到教学和科研中。他的课极受学生的欢迎，不太大的教室里，有时挤进去二三百人，学生要早早去占上一个座位，这场面简直就像当年杜马先生的课堂一样。

他还尽量安排更多的学生进入他的实验室，让学生在实验中获得乐趣，培养他们的动手能力。

他也组织学生在国内或去欧洲其他国家的工厂进行实地调查，引导学生们对生产实践中的问题产生兴趣，启发他们的求知欲，激发他们的热忱。每次巴斯德都对这些活动所产生的效果而满意，并以此为乐。

巴斯德常对学生们说："在观察的领域中，机缘只恩赐于有心人。"这话正适用于他自己。

1856年夏天，里尔有位酿造厂主，为甜菜酿酒过

← 里尔

程中常常变酸一事而求助于巴斯德。酒变酸是一个使酿造业蒙受巨大损失的普遍问题，巴斯德认为解决这一问题有着极其重要的意义。此后，他经常到酿造厂走一走，他伏下身去仔细观察一桶桶发酵液，还不时用鼻子凑近去闻一闻。当然，他每次都忘不了带一些样品回来，用显微镜认真观察一番。

关于发酵的原理，当时人们还知之甚少。为什么甜菜汁在用酵素发酵后就变成了酒精呢？所谓的酵素是什么？在其中起到了什么作用？人们苦苦探求这些问题。1836 年曾出现了一线曙光，物理学家卡尼亚尔·拉图尔在研究啤酒酵素时发现，酵素是由细胞组成的，这些细胞靠出芽繁殖，可能是它们在增殖的过程中对糖产生了某种影响，使之变为酒精。然而

这些很有价值的观点被科学界置若罔闻，人们所普遍接受的观点是李比希和伯齐利厄斯的观点。

德国化学家李比希的观点是：酵素是非常容易变质的有机物，它在分解过程中，通过自身结构的破坏使发酵物质的分子运动起来。发酵中，是曾有过生命但已死亡了的酵母对糖起了作用。

瑞典化学家伯齐利厄斯认为卡尼亚尔·拉图尔看到的细胞是原料植物本身的细胞发酵时脱落沉淀下来的，发酵则是由酵素作为催化剂而进行的化学反应。

巴斯德不拘泥于权威的观点和被大家深信不疑的公论。他将变质的酒上浮起的一层灰色黏滑的膜取出来，当然也没有忘记再取一些正常样品。回到实验室，他便忙开了。他把正常样品放在显微镜下，发现了一群群的小球体，有的正在出芽，这一定是酵母，它们

还活着！而他把那些灰色的黏膜放在显微镜下时，也发现了一些小物体，但它们比酵母小得多，呈杆状，而且也是活的。于是，他断定李比希和伯齐利厄斯搞错了，发酵确是一种生命现象，是那些小得可怜的小生物完成的，它们办了最强大的蒸汽机车也无法办到的事情。他把这些新发现提交了上去。

这时，巴斯德又接到了新的任命：去高等师范学校任教务长和理科主任。巴斯德很快到任，等待他的是几间阴暗的实验室和简陋的实验设备，没有一个助手，连个洗瓶子的工友也没有。而且学校还分配他管理学校的经济和卫生事务。连毕奥对此都十分不满，但巴斯德却毫无怨言，他把关系到学生健康的事当成头等大事，细心得如同母亲照顾自己的孩子。在他的小记事本里，记载着诸如：学生每天吃多少肉，院子里要铺沙子，饭厅门要修理等琐事。他对学生们、对公益事业的热心，一辈子没有减弱过。

尽管研究条件很艰苦，但巴斯德的工

↑年轻时的李比希

作进展却很理想，研究了酒石酸发酵、酒精发酵、乳酸发酵。鉴于他所取得的成就，科学研究院决定授予他1859年的实验生理学奖。

巴斯德认定了各种发酵过程都是生命现象，是一些微小生物活动的结果，这势必导致问题的进一步深入：那些微小生物是从哪里来的呢？这一问题正是持续了近百年的一场大论战的中心。

16世纪以前，人们完全相信自然发生说，认为腐肉会自然产生蛆，牛粪中会自然长出马蜂，头发脏了便会生虱子，甚至认为一块脏布外加几粒小麦和几块干酪就会产生一只老鼠。然而，一位意大利人雷勒用一个小小的实验，便粉碎了这些无稽之谈。他将腐肉分成两块，一块暴露，一块罩上纱布使苍蝇不能接触，结果，暴露的肉落上了苍蝇，于是长满了蛆，而罩上

的肉并没有蛆长出来。

随着17世纪显微镜的出现，人们借助于它看到了一个奇怪的世界——微生物世界。自然发生说的支持者们又开始振振有词了：这些小生命哪里来的？一盆美味的肉汤放上两天就会满是这些小东西，它们不是肉汤里自己产生的，难道还会是从别的地方跑来的？

18世纪中叶，一场科学大论战开始了，自然发生说一方以英国的尼达姆为代表，另一方则以意大利的斯巴兰扎尼为先锋。斯巴兰扎尼认为微生物必有母体，他不用大道理去争论，而是靠实验证明。他将装有肉

汤的烧瓶放在火上煮 1 小时，然后将烧瓶口烧熔密闭，隔绝了空气，几天后，羊肉汤并没有变质。于是，在斯巴兰扎尼看来，尼达姆失败了。但尼达姆并不认输，他指责斯巴兰扎尼把肉烫烧的时间太长了，破坏了自然生长力，所以不能长出小生物来。斯巴兰扎尼又设计了实验：他弄了一些瓶子，装上豆汁，分成几组，将一组仅煮几分钟，另一组煮半小时，再一组煮上 1 小时，还有一组煮上 2 小时，然后盖上软木塞。结果是，煮 2 小时的比煮几分钟的瓶子里的小生物还多。让自然生长力见鬼去吧！一时间，自然发生说似乎要偃旗息鼓了。而当斯巴兰扎尼死后，这一论调又开始

死灰复燃，一些人又鼓吹起自然发生论。

巴斯德坚信斯巴兰扎尼是对的，他开始进行比斯巴兰扎尼的实验更有说服力的验证。巴斯德要介入这个无休止的争论，在别人看来实在是不明智的，就连一向支持爱护他的毕奥和杜马也要阻止他。毕奥厉声说："你会钻牛角尖的。"

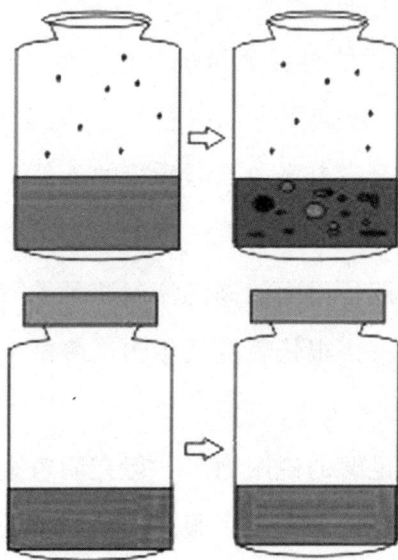

"我想试试看。"巴斯德和缓而坚定地说。他认准的事，无人能阻拦的。

巴斯德设想，如果微生物的胚芽（即芽孢和孢子）的确存在于空气中，我会想法截住它们的。于是他把

1765年，斯巴兰扎尼设计了一个试验。他准备了两组瓶子，分别装入肉汤，一组开着口，让空气进出；另一组先煮沸45分钟，把里边的微生物都杀死，然后立刻把瓶口封好，不让空气中可能有的微生物进去。头一组瓶子里的肉汤很快就腐败、变臭，长满了微生物，而煮过并封口的瓶子中的肉汤始终没有细菌。斯巴兰扎尼由此得出结论，就连微生物也不可能自然产生。

一团棉花放在通气管上，空气通过后棉花变得发黑，把棉花在干净的肉汤中放一下，肉汤就很快变质，看来肉汤确实是由于接触了空气，感染上了胚芽才变质的，那么怎样才能让空气自由进入肉汤但不带胚芽呢？巴斯德想出了一种装置，他将烧瓶口烧熔但不封死，而是拉成一个细长的呈S形向下弯曲的管子，新鲜的空气可以进入瓶里，但胚芽却落在S形弯管的下部不容易进入瓶内，果然，这种烧瓶中煮沸过的肉汤不变质。尔后，巴斯德倾斜瓶子里面的肉汤流到瓶颈的弯曲处，这样的肉汤放回去，很快就变质生出许多微生物。

巴斯德的实验已有足够的说服力了，但在明若观火的事实面前，自然发生论者闭上了眼睛。他们不做什么实验，而是喋喋不休地指责和讥笑：“空气中的胚芽怎么会多得能在一切有机浸液中都发育呢？这么多的胚芽会形成密集如铁那样的雾了。”

巴斯德不想和他们无谓地争论，他在给父亲的信上说：“我并不浪费时间去答复他们的责难，他们爱说什么尽可请便，真理在我这一边。”但他却由此想到了进一步的实验，看看是否所有地方的空气中都含有同样多的胚芽。

他准备好了一些烧瓶，装上酵母汁或肉汤一类的

营养液，放在火上煮沸一段时间，然后再将瓶口烧熔封好。他把这些瓶子拿到巴黎天文台，在地下室里（这里很洁净且空气无明显流动）打开了10瓶，又马上重新封好，然后又在院子里打开11瓶，也重新封好。正如他料想的那样，洁净的地方空气中的胚芽少，在地下室打开的10瓶里只有1瓶变质，而在院子里打开的11瓶全都变质产生了微生物。

巴斯德的发现不仅对以前的发酵食品加工过程给予科学的解释，也为以后新的发酵过程的发现提供了理论基础，他是第一个将生物学原理和工程学原理相结合的人。因此，有人将巴斯德称为发酵工程之父。

　　1860年暑假来临了，巴斯德准备了大批装有煮沸过的营养液并封好的瓶子，开始旅行。他先回到家乡阿尔布瓦，在父亲的鞣皮作坊附近打开了20个瓶子，父亲的老朋友们围上来看热闹，对他古怪的行为大惑不解："他在干什么？闹着

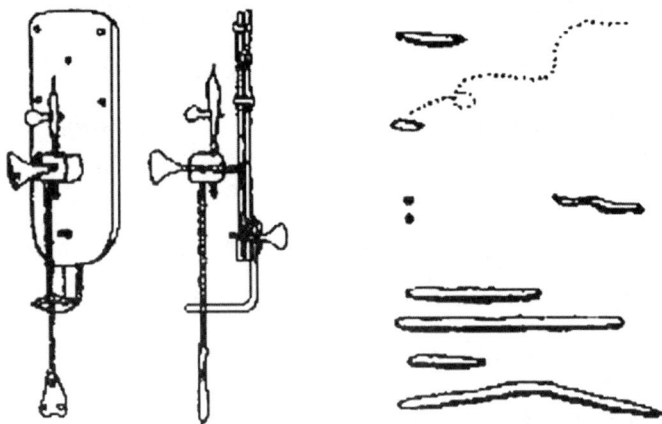

17世纪后半期荷兰人列文虎克利用他精心磨制和装配而成的、放大倍数只有200倍左右的十分简陋的显微镜观察到了一个神秘的微观世界。他的发现知道了微生物的存在，甚至可以利用这些微生物的作用，凭借实践经验生产出美味可口的发酵食品，但无法知道这些过程的本质。到了19世纪中叶，法国化学家巴斯德以他自己的研究实践揭示了发酵过程的化学本质。

玩呢！"他又来到偏僻清静的郊外打开了20瓶。然后去萨兰，在海拔850米的普佩山上打开了20个瓶子。巴斯德有些想入非非，他真想坐上气球往高处飞，以便证明海拔越高胚芽越少。当然，他还是选择了去登山，这样更容易些。

巴斯德来到达夏蒙尼，雇了个向导去登蒙唐韦山。早晨，他们赶着一头驮瓶子的毛驴出发了。巴斯德生怕震碎了他的宝贝瓶子，一直用手扶着装瓶

子的箱子一步步向上攀爬。可到了山顶，意外的事情发生了，带去的酒精喷灯在阳光照射的冰块的反光中，刺眼得无法对准要封的瓶口。无奈，这次尝试宣告失败。

他们回到客栈，让附近的锅炉匠改进了酒精灯。第二天，他们又把瓶子带进了一个大冰川，这次巴斯德小心翼翼地开始工作，他把用来钳碎瓶子的钳子先在火上烧一下，防止污染瓶内的营养液，然后把瓶子高高举过头顶。用钳子折断瓶口，马上又封好。他这样处理好 20 个瓶子，带了回来。一段时间后，只有一瓶变了质，于是他断言："游浮于空气中的灰尘是浸液中生命物质的独一无二的根源，必不可少的条件。"

巴斯德无懈可击的实验本该令人信服了，可自然发生论者就是不甘心，他们按照巴斯德的做法也准备了一些营养汁，但不是肉

向瓶中倒入未灭菌的液体 → 用火焰烧弯瓶颈 → 将液体加热灭菌

开口排出气体

灰尘和微生物滞留在弯管处

液体渐渐变色　　长时间　　开口　　液体在数年中保持无菌状态

将瓶倾倒，带有微生物的灰尘与液体接触　　短时间　　液体中长满微生物

→ 巴斯德否定自然发生论的实验

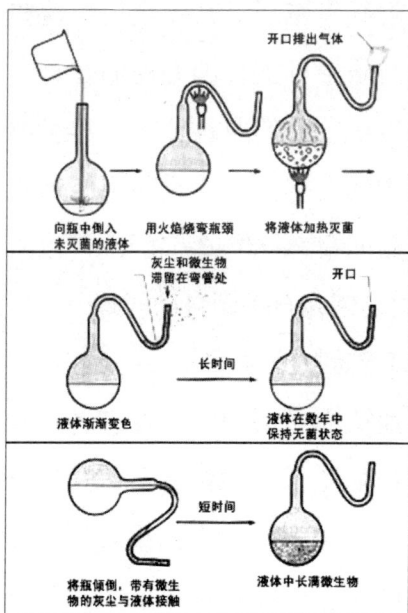

←巴黎天文台

汤之类而是干草浸液，他们赶往比巴斯德去过的山峰还高的冰山，也打开又封好了瓶子。几天之后，这些人开始手舞足蹈了，他们乐不可支，因为他们在每个瓶子里都看到了许多小生物。他们声称：无论哪里的空气，都同样有利于生物的发生。舆论也似乎开始倾向于自然发生论者了。《新闻报》一位记者写道："巴斯德先生，你引用的实验怕是搬起石头砸自己的脚……你想带领我们进入的世界真是太想入非非了……"

巴斯德怒不可遏，他认为对手们是群说谎者；对手们也毫不示弱，说他们的瓶子里要是有一瓶没长出微生物来，则愿意公开承认错误。双方剑拔弩张，要在科学院进行一场公开的实验。而就在最后关头到来

之际，巴斯德的对手们退却了。

这实在是巴斯德的幸事，但对真理来说却是可悲的，因为双方的实验的确都是对的。许多年后，人们才知道了干草里藏有的微生物的顽强孢子，可以经得起几小时的煮沸，而不失去活性。

这场争论由于对手们临阵脱逃而平息。巴斯德便又开始对发酵进行探索。这时，毕奥、巴拉尔等人热切地盼望巴斯德能当选为科学研究院院士，他们为此而奔走，与别人辩论，去据理力争。然而毕奥终于没有等到巴斯德成为院士这一天，就溘然长逝了。

微生物形成的景观　A 紫硫细菌群体　B 雪藻群体　C 根瘤菌与大豆共生形成的根瘤。

直到 1862 年，巴斯德才又被矿物学部提名为院士候选人，可这又触发了一场论战。有人提到巴斯德发现酒石酸盐的结晶是半面时说"半面在右边"。而一个德国人后来研究时说"半面在左边"。巴斯德对此

←巴斯德的鹅颈瓶实验

并没在意，这不过是结晶的方向不同罢了。可谁知有人却旁敲侧击，蜚短流长，以此作为攻击巴斯德的武器。巴斯德不能容忍了，他找来木匠做了一个晶体的模型，拿到科学委员会上对反对者们大声说："如果你们懂得这个问题，那么你们加以反对，居心何在，问心无愧吗？如果你们不懂，那么为什么要来干预胡闹？"

会后他和助手迪克洛在回去的路上仍然很激动，迪克洛不禁问道："以您当时的心情，为什么没有在发言结束时，拿起那个模型向反对者头上扔去？"巴斯德被逗得哈哈大笑起来。

1862年12月8日，巴斯德正式当选为科学院院士。

第二天，巴斯德夫人手捧一束鲜花来到了毕奥的墓前，她要把这一消息告诉这位正直、慈爱的老人，让他在九泉之下，也为巴斯德而高兴。

1863年，拿破仑三世召见了巴斯德，巴斯德信心十足地对他说："我的雄心是要认识腐败和传染疾病的原因。"

巴斯德要把一切生物必有母体的论点坚持到底。

1864年4月7日，巴斯德在索邦宽敞的大教室里，做了一次精彩的演讲。人们看戏般地涌来，有教授、有学生，还有诸如大仲马、马蒂尔德公爵夫人等名流。巴斯德以他那深沉坚定的语调、敏捷清晰的思路和无可辩驳的论据征服了在场的所有人。他把向公众传播科学，一直看成是自己的责任和义务。

关于生物自然发生的争论，从学术界走入了民间。有人不禁要问："如果一切生命都来自胚芽，只有生命才能产生生命，那么第一个胚芽从何而来呢？"对此，巴斯德只能低头。他当时绝对无法知道这是个一百多年后的今天，仍没有准确结论的问题，他只好说："研究起源问题不在科学范围之内，科学只承认能够证明的事实和现象。"

巴斯德就是这样，他在争论时会怒发冲冠，拍案而起，但冲突结束后，他又很快忘掉了这些。许

多年后，有人同他谈起他一生中遇到的赞誉和诋毁的往事时，他说："一个科学工作者应该只想到下一个世纪对他的评价，而不是斤斤计较这一天的赞誉和诋毁。"

他要尽自己的能力为科学、为公益事业做些事，他研究"长病"的葡萄酒：酸的、苦的或黏的，无论哪种都与其中的特定微生物有着直接关系。原因知道了，可怎样医治呢？他终于发现了，只要把葡萄酒加热到50℃—60℃后再密封，就不会变质了，这就是著名的巴氏灭菌法（一种加热杀死微生物的方法）。

巴斯德要把自己的发现告诉所有的酿酒师们。他收拾起行装，奔向阿尔布瓦，在一处简陋的房子

里安装起仪器，对那些半信半疑的前来观看的酿酒师们说："拿几瓶有毛病的酒来，你们不必告诉我它们的毛病是什么，我也不用尝味道，就能把它们的病症告诉你们。"酿酒师们窃窃私语，以为他是个一本正经的疯子。他们狡黠地相互看一看，挤挤眼，想捉弄他一下，于是回家拿了变质的酒及好酒。当巴斯德把一滴好酒放在了显微镜下观察时，时间一分一秒地过去了，酿酒师们开始暗自发笑，巴斯德紧锁眉头，他看不到使酒生病的微生物，于是他说："这酒没有毛病，让尝酒师傅来尝尝。"尝酒师傅承认巴斯德是对的。一瓶瓶检查下去："是苦的。"尝一尝果然是苦的；"是黏的。"尝一尝果然是黏的。酿酒师傅们开始暗暗称奇了，完全信服了巴斯德。巴斯德把保持酒不变质的方法传授给大家，使他们受益。

　　人们从四面八方找上门来，这里请巴斯德看看他们的酒为什么变酸，那里请巴斯德查查他们的醋为什么不酸。整个法国，从国王到酿造师都知道了巴斯德，他的事业蒸蒸日上。但对巴斯德来说，这只是开了个头。

相关链接
XIANGGUAN LIANJIE

巴氏灭菌法

巴氏灭菌法(pasteurization)，亦称低温消毒法，冷杀菌法，是一种利用较低的温度既可杀死病菌又能保持物品中营养物质风味不变的消毒法。巴氏灭菌法的产生来源于巴斯德解决啤酒变酸的问题。当时，法国酿酒业面临着一个令人头疼的问题，那就是啤酒在酿出后会变酸，根本无法饮用。而且这种变酸现象还时常发生。巴斯德受人邀请去研究这个问题。他发现以50℃—60℃的温度加热啤酒半小时，就可以杀死啤酒里的乳酸杆菌和

芽孢，而不必煮沸。这一方法挽救了法国的酿酒业。这种灭菌法也就被称为"巴氏灭菌法"。现如今，这种方法常常被广义地用于定义需要杀死各种病原菌的热处理方法。

当今使用的巴氏杀菌程序种类繁多。"低温长时间"(LTLT)处理是一个间歇过程，如今只被小型乳品厂用来生产一些奶酪制品。"高温短时间"(HTST)处理是一个"流动"过程，通常在板式热交换器中进行，被广泛应用于饮用牛奶的生产。

随着技术的进步，人们还使用超高温灭菌法（高于100℃，但是加热时间很短，对营养成分破坏小）对牛奶进行处理。经过这样处理的牛奶保质期更长。我们看到的那种纸盒包装的牛奶大多是采用这种方法。

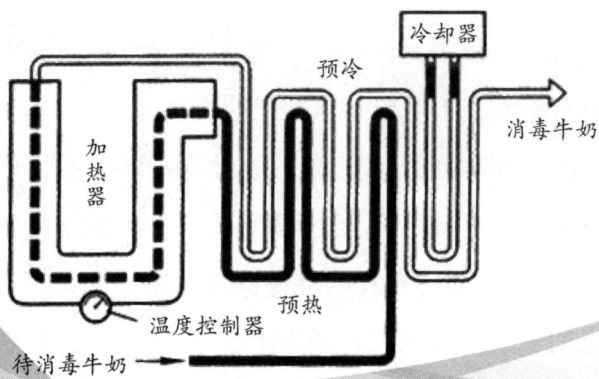

拯救了法国的蚕丝业

一个人对社会的价值，首先取决于他感情、思想和行动对增进人类利益有多大作用。

人只有献身于社会，才能找出那短暂而有风险的生命的意义。

——爱因斯坦

就在巴斯德给酿造业带来了福音后，一天，杜马来找他，请求他去解决蚕病问题。

法国许多地区的蚕生了一种十分厉害的传染病，使养蚕人蒙受了巨大损失。3500多名蚕业主联名向政府呼吁，要求尽快解决蚕病问题。杜马的家乡阿莱就是受害最严重的地区之一，他不能置乡亲们于水深火热中而不顾，于是想到求助巴斯德。

巴斯德对此极感突然，他对蚕一窍不通，他并不知道蚕还会生病，甚至还没见过蚕。但他还是答应了杜马："回忆起您对我的种种深情厚谊，如果不答应您的迫切邀请，我必然会感到后悔莫及。因此我愿听从遵嘱。"出于对师长的遵从和对社会的责任，巴斯德决

定马上去阿莱。

在去阿莱之前，巴斯德读了一篇有关蚕业史的文章。文章中谈到了关于蚕的种种传说和蚕业的兴衰：早在4000多年前，中国有一位王后就知道了利用蚕丝，中国人垄断着这种珍贵的虫子，不许带出国境。在大约2000年前，一位公主由于热爱其即将下嫁到中亚的丈夫，便违反禁令将蚕带了出来，此后，蚕从中亚传到了欧洲。

巴斯德很喜欢这个美丽的传说，而更引起他注意的是蚕病的由来：在拿破仑一世时，法国的蚕茧年产量达25000公斤，价值1亿法郎，桑树被称为"黄金树"。可突然这些财富化为乌有，一种神秘的病向蚕宝宝袭来，势不可当，得病的蚕身上出现黑色或褐色的斑点（所以叫微粒子病），很快死亡，并且传染迅速。1845年人们最初发现这种病，1847年又重新出现，到1849年便泛滥成灾了。1853年，蚕种只得从伦巴第引来，一年后令人失望的是蚕病又复发了。这病蔓延到了意大利、西班牙、奥地利……甚至中国也受到了蚕病袭击。到1864年时，只有日本还有健康的蚕种。谁也搞不清这种病是什么原因引起的。

1865年6月，巴斯德接受农业部长委托，带着从不抱怨的夫人、孩子，还有助手来到了阿莱。当地人告诉他许多江湖医方，如用硫磺或木灰粉撒在蚕身上，也有用芥末和蓖麻油的，用灰、煤烟、奎宁、葡萄酒或沥青的，五花八门。巴斯德要先去看一看，当他第一次拿起别人送来检验的蚕茧时，摇了摇，惊奇地说："这里面有东西。"养蚕人失望了，他们抱怨政府给他们派来了一个如此外行的人。可巴斯德却有信心，他既然来了，就一定要干到底，直至找出神秘的病因。

在一个小小的养蚕所里，巴斯德一安顿下来，就开始了他的工作。

这种蚕病很难捉摸，有的蚕在一龄时病死，有的则在二龄死亡，有的有幸经历了三四次蜕皮做茧成蛹，可出来的蛾却有病，触角畸形，翅膀呈烧焦状，这种蚕蛾产的蚕种，孵不出健康的蚁蚕。微粒子病的发生没有规律，有时突然大爆发，有时又销声匿迹了；有时潜伏于蛹体内，有时看似健康的蛾产下的卵却孵出病蚕。

看到蚕农们绝望的

神情，巴斯德深感责任重大，刻不容缓。他马上动手取下病蚕身上的黑斑点，放在显微镜下，全神贯注地搜寻，很快发现了一些球状的小体，"这大概就是病原菌吧？"巴斯德推测着。

就在这时，一个不幸的消息传来：父亲病危。一想到曾经没有见上母亲最后一面的遗憾，巴斯德便心急如焚地赶回老家。可还是晚了，他深爱的父亲已经离开了。巴斯德痛心之极，他说："30年来，他无时无刻不为我操心，我的一切都归功于他。我年轻时，他严防我交友不慎，他养成我努力工作的好习惯，以身作则教我过最诚实、最充实的生活。他的精神、他的品格远远超过了他的身份和地位。"

匆匆料理完父亲的后事，巴斯德立刻又回到了阿莱。他是一个情感细腻的人，可他完全克制住内心的悲痛，投入到蚕病的研究中。问题很快有了眉目，他认为这种疾病主要在蛹和蛾体内发展，带病原菌的蛾产的蚕种肯定会生微粒子病。

巴斯德决定第二年亲自饲养一些蚕来做一下比较研究。他安慰那些失去信心的蚕业主们："不要着急。"其实他的心里比谁都急。

1866年的春天来了，巴斯德的实验正在顺利进行，可不幸的是他的女儿塞西尔得了一场伤寒，他已接连

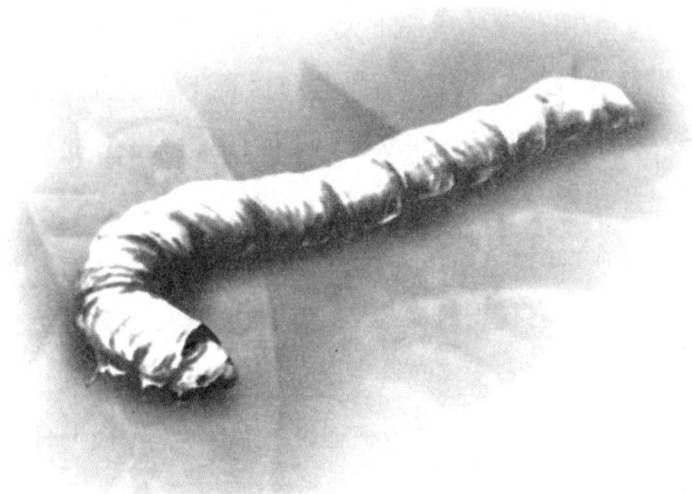

失去了两个女儿，他实在无法再接受一次打击了。可没办法，一面是心爱的女儿，一面是濒临毁灭的养蚕业，在女儿病重的两个多月里，他只陪伴了她两三天，其余的时间始终没离开他的蚕。塞西尔没等到爸爸赶回来再看她一眼便走了，巴斯德怀着内疚为女儿做了最后一件事，亲自把她的小棺木送回老家，葬在她祖父母和两个姐妹的身旁。

"我现在沉浸在工作中，只有工作才能使我忘却无限的悲痛。我回到巴黎后，将向蚕业委员会提出切实可行的办法，并在几年内消灭这一疾病。"他把失去亲人的痛苦深深地埋在心里，而把对人民对事业的爱表现在行动上。

他终于有了办法：升高温度加速一些蛹发育成蛾，

然后把蛾隔离开来，让雌蛾把卵产在一块布上，然后就把蛾钉死在这块布上，再将已干瘪的死蛾研碎放在显微镜下观察，发现了病原菌则把死蛾及其产的卵连同布块一起烧掉，若没有病原菌则可以放心地留作蚕种。

"1867年一定是人们听到蚕业主抱怨声的最后一年。"巴斯德信心十足地预言。1867年1月，巴斯德又来到阿莱，他开始实施自己的办法，选出了健康蚕和病蚕，每天饲养观察。此外，他还喜欢去附近其他的养蚕室看看。他看到一户养了一窝健康的蚕，可在这窝蚕的上方养了窝有病的蚕，没几天，健康的蚕也染上了病。巴斯德认定是病蚕的排泄物落了下来，感染了健康的蚕，微粒子病的传染途径是直接接触或是饲料受病蚕排泄物的污染。

正当巴斯德自认为已解决了蚕病问题时，突然，他饲养的一窝健康的蚕，在第一次蜕皮后，大批死亡，死蚕身体发黑，软而松，烂得很快，可检查时又找不到一点微粒子病的病原菌，巴斯德茫然了，难道显微镜下看到的小球体不是病原菌？

有些贩卖蚕种的商人，由于巴斯德的检疫法使他们个人的利益受到了损失，这时也开始造谣中伤了。他们说巴斯德的办法完全失败了，阿莱人异常愤慨，巴斯德被迫逃离阿莱，人们追逐他，向他扔石块。

挫折没有动摇巴斯德的决心，他聚精会神于蚕病研究，不想别的，不谈别的，精心饲养他的蚕，每天比辛勤的蚕农起得还要早。他的助手杰内斯说：他实验中总是亲自动手，连细枝末节也不放过。他除了要忍受年轻力壮的人才能忍受的疲劳外，还经常受到不速之客的打扰，为不期而来的批评指责而分心。

与此同时，巴斯德还在为建立一所一流的实验室而奔走。他列举了德国、英国、美国、奥地利、意大利等国家重视科学发展，重视实验室建设的事实，以及法国科学家还在最简陋的环境中工作的现状，写了一篇言词犀利的文章，抨击当时的法国政府。幸好拿

桑叶

破仑三世是个热爱科学的开明君主，他邀请巴斯德等人共商此事，并同意改善科研条件，拨下专款筹建实验室。

巴斯德在阿莱的研究取得了最后的成功，他搞清了蚕体发软变黑腐烂的病为软化病，也是由病原菌引起的，其病原菌为弧状。他一边总结这些成果，一边督促实验大楼尽早开工，当然还要随时应付对手们的非难。

过度的劳累，使这位不知疲倦的人身体吃不消了。1868年10月的一天，巴斯德突然觉得身子左边有一种针刺般麻木，可他还是要坚持参加研究院的会议，巴斯德夫人只好陪他来到科学院，她请求巴拉尔会后送巴斯德回家。巴斯德夫人所担心的事终于发生了，晚饭后，巴斯德突发脑溢血，左半身瘫痪。

朋友们纷纷来看望他，他对大家说："我不甘心死去，我还要为祖国做更多的工作。"病情惊动了皇帝，皇帝、皇后每天上午派人来询问病情，所有的人都为他担心。杰内斯更是焦急万分，整整一周几乎寸步不离。而巴斯德本人却很平静，他的头脑完全清醒。由他口授，杰内斯记录，写了一篇关于检验发现早期蚕软化病方法的报告送交了研究院。同事们无不为之感叹，实在难以想象一个垂危的患中风病才一周的病人，

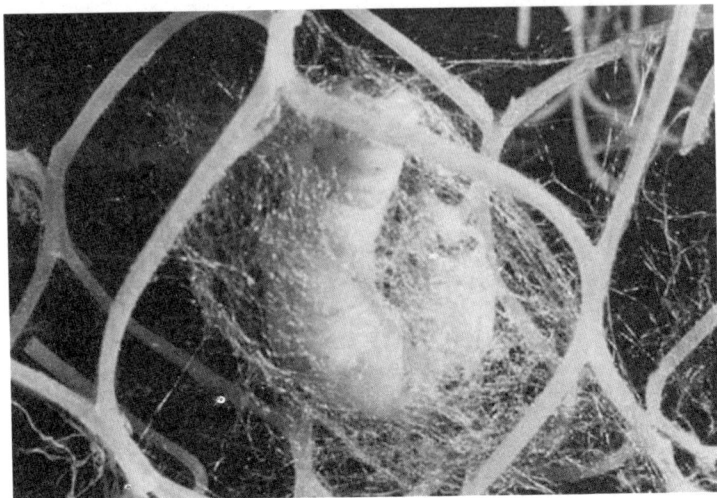

竟能如此忘我地工作。他人在病榻上，可心还在阿莱的育蚕室里。

一个多月后，巴斯德可以坐起来了，他的思维像从前一样活跃，他谈科学、教育，以及明年的蚕种……而唯独不谈自己的病，他不想让别人为他的病而担忧。这是多么感人的一幕啊，热烈而高尚的思想境界与半身不遂的病之间形成了强烈的反差，目睹这一切，每一个人都会为之动容。

12月底，巴斯德能独立行走几步了。快到选育蚕种的季节了，他顾不得医生让他再休息几个月的劝告，一定要到阿莱去。他说为了个人的健康让那么多遭受苦难的人破产，这简直是犯罪。他是躺在马车上去阿莱的。

→蚕的一、二、五龄幼虫

　　大量的实践表明，用显微镜检查微粒子病和软化病病原菌的技术既好掌握又十分有效。1869年春，巴斯德向蚕业委员会提供了一批保证健康的蚕种，此外，为了证明他的检验方法的准确性，他还提供了另外几份做对比的蚕种，他写上了预期的结果：

　　1. 一份是健康的蚕种。

　　2. 一份是将患微粒子病而死亡的蚕种。

　　3. 一份是将患软化病而死亡的蚕种。

　　4. 一份是部分将患微粒子病，部分将患软化病的蚕种。

　　巴斯德的方法完全成功了，他的预言百分之百正确。正当他以为大功已经告成时，一些心怀嫉妒的同行，早有隔阂的对手，一些受到经济损失的见利忘义的蚕种商人，又开始对巴斯德大肆中伤。可真理毕竟是诋毁不了的，一位蚕农给《农业实践新闻》写信："我们深切地希望，有一天他一定会收获他那艰巨劳动的果实，以补偿他目前所受的猛烈攻击。"阿莱市长也表示："只有在阿莱为你树立一尊铜像才能报答你的业绩。"

巴斯德的老朋友瓦扬元帅，想了一个很好的主意：皇太子有宗地产，叫维桑蒂纳别墅，在这片广阔的庄园里，桑树繁茂。瓦扬向皇帝建议请巴斯德为这里送些健康的蚕种，并为巴斯德在附近准备一幢舒适漂亮的别墅。他说这样既有利于巴斯德的健康，又可以让出于无知和嫉妒的反对言论销声匿迹。

巴斯德来到这个庄园，将蚕种分给庄园领地的佃户，可是万万没有想到，别墅里有一家人，他有一盒多年的日本蚕种，他把这盒靠不住的蚕种与健康的蚕种混在一起出售了。巴斯德知道后怒不可遏，他痛斥了这家人一顿，并登报澄清真相，告诉养蚕人别上当。

这一年，巴斯德使这个多年荒芜的庄园获纯利 22000 法郎，这使得皇帝又惊又喜。

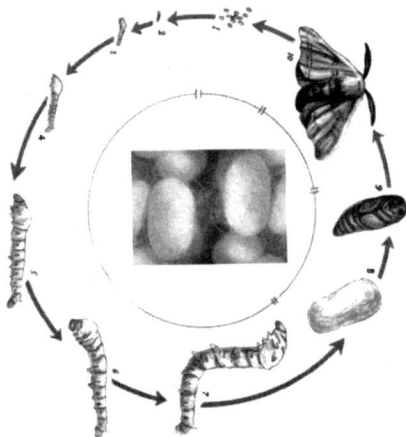

相关链接
XIANGGUAN LIANJIE

桑蚕起源的历史传说

据《蜀图经》《太古蚕马记》《搜神记》《神女记》《太平广记》等古籍记述，我国的养蚕缫丝大约是从黄帝之后裔帝喾高辛氏时期开始的，有将近五千年的历史了。

相传帝喾高辛氏时，蜀中某女之父被人掠去，只剩所骑白马返回。其母伤心之至，发誓道：谁只要能将其夫救得生还，就把女儿嫁给他！白马闻言仰天长啸，挣脱缰绳疾驰而去。几天后，白马载着其父返回家中。其母见此反悔，不再提及嫁女之事。从此白马整日嘶鸣不止，不思饮食。其父见状，心中为女着急，取箭将马射杀，并把马皮剥下晾在院子里。但那马皮突然飞起将姑娘卷走，不知去向……数日后，家人在一棵树上找到了姑娘，但见那马皮还紧紧包裹着她，而头已经变成了马头的模样，正伏在树枝上吐丝缠绕自己。家人将其从树上取回饲养，养蚕吐丝结茧缫丝的历史从此开始。由于这种虫子总是吐丝缠绕自己，人们就把它叫作

"蚕（缠）"；又因为姑娘是在树上丧失生命的，大家就把这种树叫"桑（丧）"。后世人们为感激小姑娘为人们带来了丝绸锦衣，把她尊为蚕神，称为"马头娘"或"马头神"，在江南地区人们还称她为"蚕花娘娘""马鸣王菩萨"。无论是在蜀中还是在江浙一带，中华人民共和国成立前都可见到塑有马头娘塑像的蚕神庙：一个骑在白马身上的美丽的小姑娘！

　　关于桑蚕种子及相关技术外传的故事有许多版本，其中较著名的是玄奘在《大唐西域记》中记载的一个传闻：大约在公元420年—440年左右，即丝路重开之后，位于今新疆于阗地区的瞿撒旦那邦国国王为丝绸的华美所倾倒，曾经派遣使者向汉族求购桑蚕种子，这个举动却引起了汉族人的高度警觉，边关驿站对过境人员加强了盘查，并实行搜身，严防桑蚕种子外流。后来国王又改向汉族求婚，在迎娶公主的时候，暗中通知新娘带出桑蚕种子，这位公主偷偷将一些蚕种藏在头发之中，带到了瞿撒旦那邦国，随她而去的还有一些养蚕织丝的妇女，她们在那里造了一座"射鹿城"，专门教授该国妇女栽桑养蚕，时隔不久，该国桑荫密布，蚕蛾飞舞，养蚕缫丝很快普及开来。

拳拳报国心

> 如果说科学没国界，那么，科学家却应该有祖国。如果你的工作在世界上产生了影响，那么，应该把这种影响归功于祖国。
>
> ——巴斯德

作为一个伟大的科学家，他追求真理；作为一个普通的公民，他热爱自己的祖国；作为学生、老师、同事、朋友，他是那么坦诚，肝胆相照；作为儿子、兄长、丈夫、父亲，他总是充满爱心，无微不至；而对无知、愚昧、保守、固执的对手，他是那样疾恶如仇。巴斯德的感情世界极为丰富细腻，让人觉得他不像自然科学家，而更像一位情感奔放的诗人。

1848年二月革命期间，巴斯德满腔热忱地参加了国民自卫军，像大多数法国人一样，为最纯洁的爱国主义而激动兴奋，为眼前出现的自由民主平等的共和国形象，为国旗、祖国这两个神圣的字眼而热血沸腾。巴斯德为崭新的共和国捐献了他的全部积蓄——150法郎，这对于一个刚刚毕业的大学生来说实在不是一个小数目。

巴斯德搞科研，也决不把他的成果局限在实验室里，他把向公众宣讲科学、传播科学当作一种神圣的职责。为了拯救法国的酿造业和蚕丝业，他不顾个人的得失和安危。当他找到了解决问题的办法时，便不遗余力地为推广而奔走。

为了让更多的人了解他的巴氏灭菌法对保存葡萄酒的作用，巴斯德组织了对比实验：他让即将远航的海军战舰带上几桶加热处理过的葡萄酒，再带上几桶没处理过的，结果，处理过的经历了海上10个月的航行，开封后清澈醇和，而未处理过的却已变酸。

巴斯德的研究成果具有很大的经济效益，但他从不利用自己的成果为自己谋取半点私利。皇帝召见他时曾问过他，为什么不用对酒和醋的发

酵所掌握的方法作为合法的生财之道？巴斯德回答说："在法国，科学家认为这样做贬低了自己。"他深信，如果一个科学家以自己的发现谋利，就会使自己的生活复杂，思绪混乱，发明的灵感就会麻木。他要研究的事太多了，完全没有时间去拨打自己的小算盘。

1870年，一场可怕的战争开始了，普鲁士军队迫近边境，而法国却毫无准备。法国人民群情激昂，争相入伍，报效祖国。巴斯德将自己唯一的儿子送上前线，他自己也想参加国民自卫军，可是他由于偏瘫留下了跛足，所以只能空怀壮志。

无奈，巴斯德与妻子女儿一起回到了阿尔布瓦，可他的心无时无刻不在关心着战局。每天只要街头的喇叭一响，他便会拖着跛脚走出家门，站在街上屏息静听政府公报，然后黯然神伤地回到屋里。法军连连

普法战争形势

比利时　普鲁士　莱茵河　德　上

色当　卢森堡　法兰克福

巴黎◎　1870.9

奥尔良○　国　麦茨

法

→普法战争

国

瑞　士

◻▭ 普军占领线
○ 被普军包围的城市
⊙ 签约地点
╀╀╀ 战后法国割让给德国的领土

德国波恩大学，1868年巴斯德曾在此获得医学博士荣誉证书。

败北，敌人已逼近巴黎，巴斯德痛感法国没有足够重视发展教育与科学，致使经济落后，军事衰弱。他没有别的办法，只能愤愤地说："我一定要在以后出版的每本著作的扉页上印上这样的字样：'憎恨普鲁士。报仇雪耻！报仇雪耻！'"

巴黎被围，法国只得被迫赔款割地。巴斯德气愤之极，想到1868年德国波恩大学曾授予他医学博士荣誉证书一事，他立即写信给波恩大学医学院院长："现在我一见到这张纸就想呕吐，看到我的名字写在威廉国王名字之下，我感到自己受到侮辱……我的良心要

求我向你请求将我的名字从贵院的档案中勾掉，收回那张学位证书，以表示一个法国科学家的义愤。这一义愤是那个人的野蛮与伪善行径所激起的，此人为了满足罪恶的傲慢，不顾一切屠杀两个伟大的民族。"

巴斯德将满腔的仇恨化作一股强烈的愿望：为祖国做点什么。他在给助手罗兰的信中说："让我们大公无私地从事探求真理的实验，使我们的思想不为人们所进行的邪恶行为而苦恼。"

不久，内战又爆发了，巴斯德已无法进行自己的研究。这时，意大利政府邀请他去主持一个育蚕研究机构，比萨一位地方议员也邀请巴斯德去担任比萨大学的应用农业化学教授。这对巴斯德个人来说，是再有利不过了。可此时离开水深火热中的祖国，实在令他难以安心。他说："如果我离开处于忧患中的祖国去追求超越祖国所能提供的、优厚的物质享受，那么我觉得自己应该受到罪同逃兵那样的惩罚。"

能为祖国做些什么呢？巴斯德想到了啤酒。德国的啤酒酿造业遥居法国之上，巴斯德则想让法国的啤酒成为德国啤酒的劲敌。他走访了各大啤酒厂，从啤酒酵素入手，研究啤酒变质的根源。他发现啤酒的质量与啤酒酵素的纯净程度有直接的关系，如果啤酒酵素被杂菌污染，啤酒的品质就会下降甚至变质，无法饮用。保证啤酒甘醇的方法也可以采用巴氏灭菌法。

巴斯德还走访了英国一些啤酒厂，把巴氏灭菌法传授给他们。他相信法国科学家从道义上帮助过别国后，一定会在某种程度上获得报偿的。他说："我们必须为亲爱的法兰西结交一些朋友。"

巴斯德一心投入到工作中，可有些人却总是没完没了地找他的麻烦，给他添乱。自然发生论的支持者们时常挑起论战，尽管朋友们劝告巴斯德不必为此而烦恼，不要理睬他们，可巴斯德坚持认为这是关于真

← 法国1969年版5法郎（巴斯德）

理的论战，必须应战。

　　对手们一个个粉墨登场，巴斯德就一一给以回击，他想出许多的实验来打击对手的自然发生论。如：将加热煮沸的葡萄汁放入酵素落不进去的曲颈瓶里，则不能发酵成葡萄酒；而将糖液放上少量的酵素则会酿出葡萄酒来；把酿醋的木桶放在沸水中煮一煮，这桶里就不会酿出醋来，这些说明了酵素的作用。这些有说服力的方法不仅打击了对手，而且在公众中宣传了科学，越来越多的人认识到了肉眼看不见的小生物所起的巨大作用。

　　巴斯德不仅让大家知道了微小生物的功绩，也一直想揭示这些微小生物是传染病和溃烂的根源这一真相。战争中负伤的年轻士兵们在伤口化脓的折磨中死去；传染病每过一段时间就大规模袭击人类一回；当

C.6-2-1969.C.

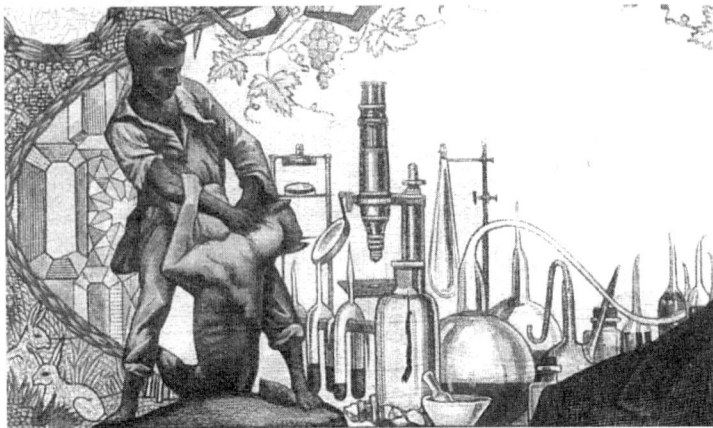

时的外科手术成功率不到10%，病人多是由于伤口化脓而死。目睹这一切，想到女儿们死于伤寒的悲剧，巴斯德决心开始着手1861年以来一直萦绕在心头的问题——研究传染病的真正原因。他说："让感情在科学进步中做出一份贡献，是崇高之至的事。"

1863年他曾当着皇帝的面发下誓言：一定要发现腐败和传染病的原因。

可是，巴斯德不是医生，他一要涉足传染病这个领域，新老敌人便开始攻击他，甚至进行人格污辱，骂他是"马戏团的小丑"。1873年初，巴斯德却意外地被选为医学院的院士，这更坚定了他要攻克传染病的信念。

事实上，巴斯德的有关感染、传染病必由胚芽引起的观点已经帮了医生们的忙。许多医生相信巴斯德

的说法，他们在处理伤口时尽可能保持清洁，用碳酸水处理绷带等，果然感染率下降。

1874 年 2 月，巴斯德接到了英国著名外科专家李斯特写来的一封热情洋溢的信，信中说："请允许我借此机会，向您致以真诚的谢意，感谢您以杰出的研究，使我确信腐败起源于胚芽的真理，从而为我提供了杀菌法得以成功的原理。如大驾光临爱丁堡，我相信您会在我们医院里看到人类无论什么时候都将深深受益于您辛勤的研究工作，您会感到由衷的欣慰。"李斯特开创的外科手术中的消毒灭菌方法，使外科手术的成功率从不到 10% 提高到了 85%以上。

巴斯德对把自己的发现应用于医学造福人类极为高兴。为此，他经常深入医院，向外科医生们介绍灭菌方法。当时，产院里产褥热的发病率极高，巴斯德经过仔细研究，终于认清这种病是由一种念珠菌感染引起的，只要将接生时的器械认真消毒，就可以避免产褥热的发生。

鉴于巴斯德所取得的成绩，国民议会提议给他以特别的褒奖，授予他 12000 法郎的终身年金。巴斯德寿终后，遗孀可享受一半的年金，并说："奖金与巴斯德做出的贡献的价值相比，真是微不足道。"这个提案

以532票对24票通过，已经成为格勒诺皮尔学院院长
的夏皮写信向他祝贺："获得这样压倒多数票的提案哪
里找啊!?"这足以看出，人们对巴斯德这个为科学为
祖国为人类而如此辛勤工作的人的感激和敬仰之情。

许多朋友和同事都以为这该是他人生旅途中的
歇脚点了。事实上，中风后的巴斯德有点跛足，左
手有些僵直，这些表明他还有中风的可能。人们劝
他该休息了，巴斯德对此却大为恼火。他还要干什
么？他要去摘取人生的另一半果实，没有谁会相信
他还能做到这一点，可几年后，他真的做到了，而
且做得那样精彩。

向炭疽病发起攻击

在现实的领域里，机遇只偏爱那种有准备的头脑。

——巴斯德

酿酒人、酿醋人、养蚕人得益于巴斯德的发现，不再抱怨了。可农场主却还在咒骂肆虐的炭疽病，这是一种可怕的牲畜传染病，病畜四肢哆嗦，呼吸困难，便血，口鼻流血，在两三个小时内死亡，死后尸体膨胀，从皮肤的裂缝中渗出黏稠的黑血。这种病传染快，发病率、死亡率都极高，许多地区的牲畜约30%死于炭疽病，有些地区甚至高达50%。

有人发现病畜血液中存在着一种杆状弧菌，认定这便是病原菌。将死于炭疽病的牛血液注射在兔子身上，兔子很快死亡，但检查时兔子体内并无杆状弧菌。

巴斯德要亲自试试，他把一滴死于炭疽病的牲畜的血液，放在培养基里，杆状弧菌繁殖很快，取出一点放在下一个培养基里，这样一连接种了40瓶。然后取一滴培养基里的液体给兔子注射，结果兔子死于炭疽病。所以，巴斯德认为这种杆状弧菌确是炭疽病的病原菌。可为什么有人说在死亡的兔子身上找不到杆状弧菌呢？巴斯德要验证一下。

1877年的夏天，他来到屠宰场，弄了一头死羊（死亡16小时），一头死马（死亡24小时），还有一头死牛（死亡50小时以上）。他把这些死畜的血抽出来注射给豚鼠，结果，注射了羊血的死于炭疽病，血液中检查出大量杆状弧菌；接种了牛、马血液的死亡更快，可血液中并没有杆状弧菌，但巴斯德检查中发现了另外一种弧菌——败血弧菌，这种菌于牲畜死后16小时开始在血液内繁殖，其毒性很大，死亡前症状与炭疽病相似。

为了进一步证实这个问题，巴斯德找来一匹绝对健康的马，将其窒息而死。在其死后一天，将其深处静脉切开，取出一滴血注射给兔子，兔子很快死亡。所以，死亡16小时以上的动物的血液引起兔

子或豚鼠死亡的原因是败血弧菌导致的败血症，而不是炭疽病，败血病感染导致死亡比炭疽病要快。在进一步的研究中，巴斯德还发现，炭疽杆菌是需氧的，而败血弧菌是厌氧的，在空气中不能存活。

刚一涉足这个领域，就取得了可喜的成就，这的确不能不使一些人眼热，于是又生出事端。巴斯德在这些问题上，从不让步，有时捉弄起对手来也是毫不留情的。

阿尔兽医学校教授科兰，自称研究炭疽病已经12年了，做过500多次实验，他认为炭疽病除了含有杆状弧菌外还有一种毒性物质。科兰反对巴斯德已到了事事反对、处处反对的地步。巴斯德曾说过禽类特别是母鸡不会得炭疽病，科兰就说使母鸡得炭疽病很容易，巴斯德便请他送来一只得病的母鸡。

一天又一天过去了，巴斯德一见到科兰就向他索要生病的母鸡，科兰也总表示他会送去的。两个多月后，科兰终于低头了，承认使母鸡得炭疽病是不可能的。而这回巴斯德却说："让母鸡得炭疽病是可能的。"并答应不久就给他送一只患病的母鸡。

两周后，人们看到巴斯德提着鸡笼去找科兰，里面三只生炭疽病的母鸡有一只已经死了。

原来，巴斯德发现了鸡从不患炭疽病的事实，觉得很奇怪，他想这其中奥秘会不会是它的体温比牲畜高上几度呢？于是他将杆状弧菌注射到母鸡体内，把母鸡身体的 1/3 浸入冷水里，这样处理后母鸡便染上炭疽病死亡，血液中满是炭疽杆菌。

可研究院里还有人说，母鸡是因为浸在水里致死的，于是巴斯德又弄来4只母鸡，给3只注射了炭疽杆菌，然后，第一只在自然状态下；第二第三只放在冷水里，当第三只母鸡表现出明显的炭疽病症状时再将其放在45℃的地方；第四只不接种放在水里，结果只有第二只死亡，第三只虽已发病可后来却活过来。这些说明，只要将体温升高到42℃（母鸡体温），便不会生炭疽病。

炭疽病病原菌的特点搞清楚了，败血弧菌的特性也清楚了，可为什么一遇空气就不能存活的败血弧菌会遍布世界到处感染牲畜和人呢？巴斯德解释说，这些弧菌在接触氧气后，外

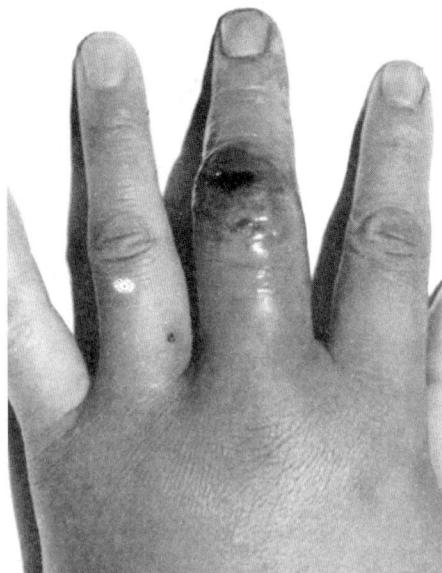

← 人感染炭疽病

层的弧菌死亡，内层的弧菌很快产生出胚芽或孢子，这些胚芽具有很强的抵抗力。炭疽病的胚芽也具有顽强的生命力，埋葬死畜或畜血污染过的地方，几年后依然存活着致病的胚芽。因此，巴斯德建议农场主们把患病死畜的尸体埋在干燥沙质远离放牧区的地方，以免蚯蚓将芽孢带到地表面的草上。

　　然而这种措施的可靠性并不很高。怎样才能找到更有效的措施呢？前景扑朔迷离。

　　与此同时，巴斯德的另一个研究热点便是鸡霍乱。这是一种流行快、死亡率极高的鸡传染病，常常使一村子的鸡在几天内全部死亡，许多农户因此而不敢养鸡。巴斯德从得霍乱病的鸡身上分离出了鸡霍乱病原菌，可是培养这种菌时却遇到了难题，他用遍了以前惯用的培养基，但都不理想，最后巴斯德发现用鸡软骨熬出的汤汁是最好的培养基，鸡霍乱菌在这里的繁殖力是惊人的。

　　巴斯德与他的助手鲁和尚贝朗连续培养着鸡霍乱菌，他们反复地将满是霍乱菌的鸡汁接种在新鲜的鸡汁中，实验室的工作台上堆满了废弃的培养液。几周过去了，巴斯德说："明天我们应该把这个乱摊子收拾收拾了。"就在这时，不知什么触发了他的灵感，于是他对鲁和尚贝朗说："这些瓶子里的病菌也许还活着，我们用它给几只鸡注射一下看看。"不出所料，这几只鸡立即患病，失去了往日的精神，巴斯德认定它们必死无疑。出乎意料的是第二天这几只鸡竟然恢复了健康，一如从前。这太奇怪了，过去给鸡注射霍乱菌后，百分之百死亡，可这一次……？

一些天后，巴斯德无意中将这些有病复原的鸡和一些没病过的鸡一起注射了含有大量病菌的培养液。第二天早上，当鲁和尚贝朗来到实验室门口时就听见巴斯德在屋里大叫："你们快进来看！"他指着鸡笼："这些新鸡全死了——它们本该死，可这些复原过来的鸡也本应该死，但它们却在吃食，好像什么事也没有

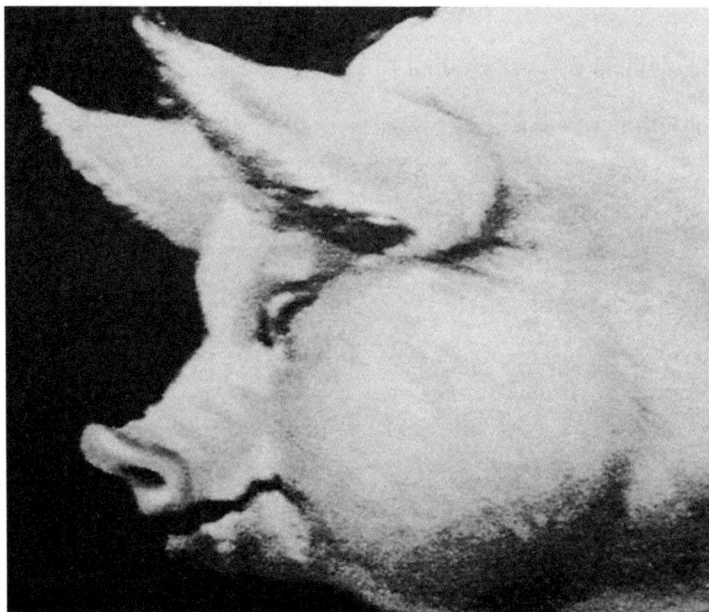

← 猪炭疽病

发生过。"鲁和尚贝朗一时被弄得摸不着头脑。

巴斯德兴奋地说："难道你们还不明白？现在一切都到手了，我们成功了。现在我已发现怎样使动物得一点病，只得一点点，正好能够恢复过来，这样我们就可以使它免受这种病。我们要做的就是把病原菌放在瓶子里，让它衰老，微生物老了，就温和了，它可使动物致病而不死，却从中获得了一种对这种病的抵抗能力。"

巴斯德和助手们如获至宝，开始进一步验证这一发现，结果正如他们设想的一样，这是防止鸡霍乱的一种十分有效的方法。鸡霍乱病菌在空气的作用下几周就可以达到减毒的效果，可炭疽病菌却不同，空气对其不起作用，在自然状态下炭疽病芽孢可以长期保

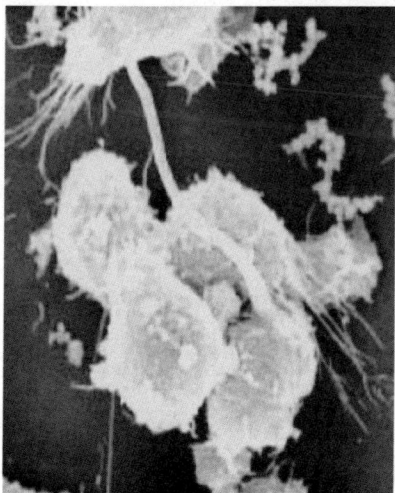

持其毒力，八年十年
甚至十几年后。因此
他们开始尝试在芽孢
形成前，对丝状菌进
行处理。连续几星期
不分昼夜的摸索后，
终于发现炭疽病菌在
42℃—45℃之间时，
很容易培养却不产生
芽孢，也出现了很好
的减毒效果，原来能

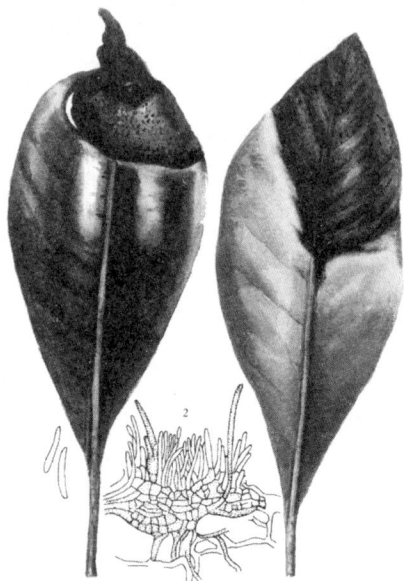

←丁香炭疽病

将10只绵羊致死的培养液，8天后只能毒死四五只。
而过了10天或12天以后，则一只也不能致死了，只能
使之得轻微的疾病，恢复后便获得了预防炭疽病的能
力。炭疽病有了可靠的预防措施，巴斯德成功了！

朋友们为他庆贺，牧民们看到了希望，可反对者
却对此大肆攻击，他们不相信多少年来兽医们毫无办
法的可怕的顽症竟会在巴斯德面前束手就擒。

《兽医新闻》的编者罗西尼奥先生为大规模验证这
一发现发起募捐。他说如果巴斯德成功了，会给畜牧
业带来很大的利益，如果失败了，巴斯德只好从此闭
口。他将这项实验方案提交给默伦农学会，学会主席

罗歇特男爵便邀请巴斯德去默伦等地组织炭疽病预防接种的公开实验。

这是一项极为冒险的行动，成功了当然会引起极大的反响，可一旦失败，巴斯德将身败名裂，给对手以最好的攻击口实。好心人劝他："你一定记得有人评价拿破仑的话：'他喜欢威武雄壮、鲁莽大胆地进行危险的游戏。'他那时是孤注一掷，而你现在也是这样！"

这是一项破釜沉舟的计划。实验在默伦附近的普伊福特农场进行，默伦农学会给巴斯德提供了50只羊。罗西尼奥不知出于什么目的把计划印制了许多份，

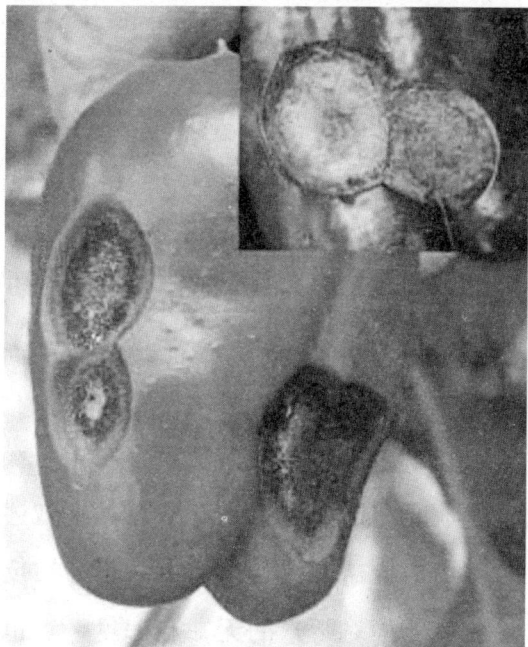

→辣椒炭疽病

向全国农业界分发，于是默伦很快成了全国瞩目的中心。

实验计划将其中的25只羊用减毒菌苗预防接种两次，两次间隔12至15天，几天后，50只羊将全部接种上强毒力的炭疽病菌。"未接种过疫苗的25只将全部死去，接种过的将全部存活下来。接着，将死羊埋在一起用篱笆围起，第二年在里面关上一些羊，羊会因吃了带有蚯蚓翻上来的病菌的草而致病死亡。"

《兽医新闻》上发表了一条编者按语："这些实验非常严肃。如果试验能像巴斯德先生满怀信心地宣称的那样，证实他所制定的一切，这些实验就非常值得纪念。"

1882年5月5日，人们涌向实验场，这里有农艺师、医师、药剂师、兽医师、记者，还有一些牧民，他们怀着各种各样的心情要看个究竟。

巴斯德领着助手们来了。他迈着微跛的脚步穿过人群，全不顾众人的怀疑和窃窃私语，信心十足地动起手来。他很快为25只羊注射了减毒菌苗，并在它们的耳朵上做好了记号。然后，巴斯德做了一次学术报告，他用清晰而简洁的语言，有条有理地叙述了自己走过的道路及他要达到的目标。讲话不时被反对意见所打断，而巴斯德对听众的无知和偏见一点也不感到

惊讶，他深知有些人巴不得他一败涂地，而绝大部分的人却对他的成果一无所知。

5月17日第二次接种了减毒菌苗。

第三次接种的日子一天天临近，这是决定性的一步。一些好心人谨慎地劝他："再等一等吧。"而他的对手也在做着准备，科兰在路上遇见了兽医师毕奥，便对他说：细菌培养液分两层，上层没活性，下层活力很大，巴斯德一定用上层液体给种过疫苗的绵羊接种，你一定要在最后一刻抓起细菌培养液的瓶子猛烈摇动。

5月31日，大家来到农场，毕奥按科兰所说，使

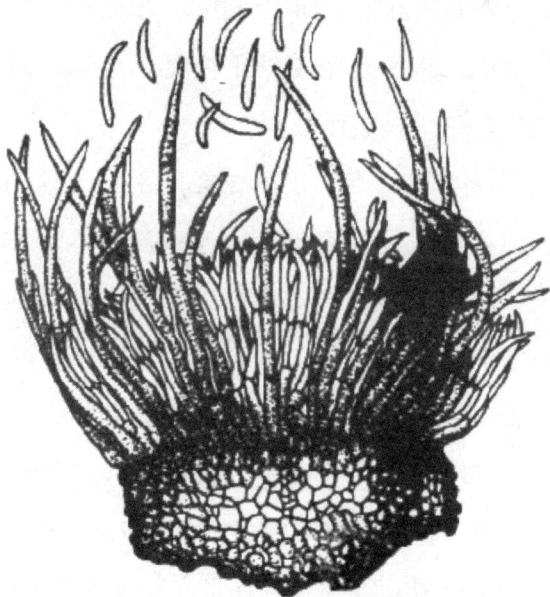

→ 炭疽细胞

劲摇动瓶子，并要求巴斯德注射比定量多的毒液。还有人提出将毒液在种过疫苗和没种过疫苗的羊中交替注射，巴斯德对这些要求不动声色地一一照办，丝毫不追究其动机。

人们急切地等待着，无论是想为这样一次伟大的科学实验的胜利而举杯欢呼的人，还是希望为巴斯德的惨败而弹冠相庆的人，都在焦急地盼望着最后时刻的到来。

巴斯德更是焦虑不安。第二天，他们回到农场查看情况，发现未接种过疫苗的羊有几只已表现出了病症，可接种过的羊也有几只体温明显增高到了40℃。巴斯德为羊的体温上升而十分担忧。

但很快，接种过疫苗的羊恢复了过来，而没接种过的则开始一只只地死亡。

6月2日下午2点，巴斯德在助手们的陪同下，来到了普伊福特农场的空地上。这次没有不负责任的冷嘲热讽，也没有漫不经心的窃窃私语，在场的人都热烈地鼓掌向巴斯德表示庆贺，因为未接种疫苗的25只羊中有22只的尸体挨着摆放在地上，有2只正在咽气，另1只也表现出明显的病症，而接种过疫苗的25只羊却非常健康。巴斯德还不满足："我们得等到6月5日，等到实验圆满成功，等到获得具有决定意义的证明。"

　　6月4日，没接种疫苗的25只羊全部死亡，可接种过的一只也突然死亡，但兽医学会当场解剖了死羊，证明其死于妊娠中的意外情况。

　　兽医毕奥心悦诚服了，他奔向巴斯德："巴斯德先生，用你的菌苗给我接种吧——就像你对这些你曾如此神妙地救它们性命的羊一样——然后我愿让你注射最毒的毒菌！人人都必须深信这个奇妙的发现呀！"

　　又一个对手走过来："我嘲笑过微生物，但我现在是悔改的罪人了。"

　　巴斯德爽朗地引用了《福音》上的话说："天上因为有了一个忏悔的罪人而欢乐，比因为有九十九个不需忏悔的正直人而更加欢乐。"

　　从前认为巴斯德一定会失败的人，满腹狐疑的人，还有冷眼旁观的人一下子都变成了热烈的追随者和崇拜者，普伊福特农场当即决定改名为巴斯德庄园。消息传开，整个法国震惊了，全世界都在瞩目这一伟大的发现，它为人类战胜传染性疾病开辟了免疫学的新途径。

　　过去对巴斯德褒贬不一的评价，现在变成了一片颂扬，共和国政府决定授予他荣誉军团大勋章，但巴斯德提出了一个条件：只有为鲁和尚贝朗授予红色绶带，他才接受大勋章。政府同意了巴斯德的请求，消息传来，巴斯德和两位助手在满是兔子和豚鼠的实验室里互相祝贺开了。

巴斯德和助手们名声大振，每天收到大量来自法国各地和一些其他国家发来的求救信函，他们有求必应，不停地制作菌苗，到了忘我的程度。

1882年，巴斯德顺利地当选为法兰西学院的院士，人们为他欢呼。

农民们在大街上遇见他会挥动草帽高喊："巴斯德万岁！""您拯救了我们的牛羊！"

医生们也向巴斯德表示敬意，他们说："让我们一起为未来医学的先驱，人类的造福者，杰出的巴斯德的崇高声誉而干杯！"

英国生物学家赫胥黎说："单是巴斯德做出的发现就足以抵偿法国于1870年付给德国的50亿战争赔款。"

法国的内阁

←英国生物学家赫胥黎

提议，把1874年褒奖给巴斯德的12000法郎年金增加到25000法郎。

在伦敦国际医学大会上，巴斯德受到极为热烈的欢迎，暴风雨般的掌声使他误以为威尔士亲王驾到了，大会主席笑着说：他们大家在为你欢呼。巴斯德以其伟大的发现为祖国争得了荣誉。

巴斯德已誉满法国及整个欧洲，此时他已是60开外的老人了，似乎应该躺在荣誉上休息了，可他不，他说："我只是把这些看成是激励我继续前进的动力，直到我完全丧失精力为止。"

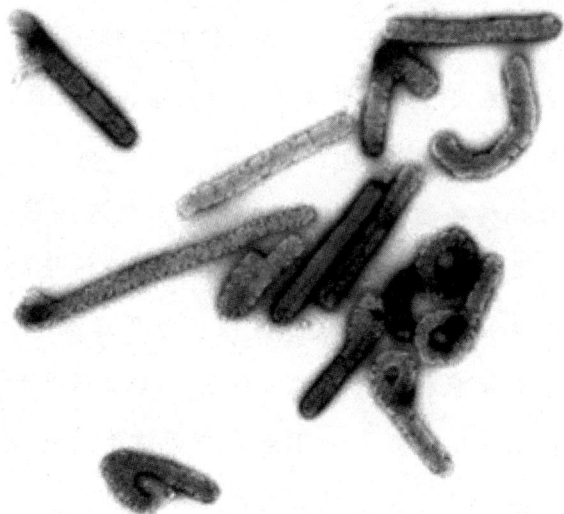

炭疽杆菌

相关链接
XIANGGUAN LIANJIE

炭疽病

炭疽病为炭疽杆菌所引起致死率极高的急性传染病，于1850年由法国人发现并且证实，且为一种人畜共患病。病畜的症状是高温发烧、痉挛、口和肛门出血，胸部、颈部或腹部肿胀。人感染后，则发生皮肤脓疱、咳嗽、吐痰、呼吸困难、脾脏肿胀等症状。其名称源自希腊文的"νθραξ"，意为煤炭，用以形容感染者皮肤上焦黑的损伤病变。

炭疽病潜伏期1—5日，最短仅12小时，最长12日，临床主要可分皮肤炭疽、肺炭疽、肠炭疽、脑膜型炭疽、败血型炭疽几种类型。

炭疽病传播途径主要有3种形式，皮肤接触：皮肤直接或间接接触病畜，或被炭疽杆菌污染的附属品或半成品而引起皮肤炭疽；呼吸道吸入：因吸入含有炭疽杆菌芽孢的气溶胶、尘埃而导致肺炭疽；消化道食入：食用炭疽杆菌濡染的食物发生肠炭疽。其中，皮肤直接接触病死畜或受污

染的病畜肉是炭疽的主要传播途径。

炭疽病罕见于人类，偶发于牛、绵羊、山羊、骆驼和羚羊等反刍动物，由存在于世界各地土壤中的炭疽杆菌造成，较易发生在没有公共兽医计划的发展中国家，尤以南美洲、亚洲及非洲等牧区较多见，呈地方性流行。相对来说，北美、西欧、北欧、澳大利亚仅发生过零星案例。近年来由于世界各国的皮毛加工等集中于城镇，炭疽也暴发于城市，成为重要职业病之一。

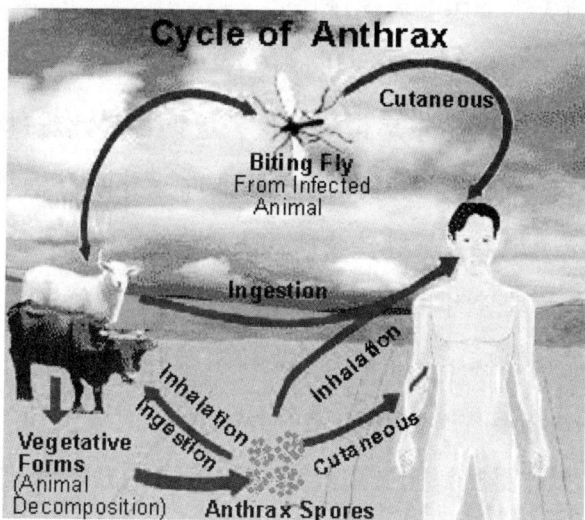

炭疽病的传播途径

征服狂犬病

> 人能为自己心爱的工作贡献出全部力量、全
> 部精力、全部知识，那么这一工作将完成得更出
> 色，收效也更大。
>
> ——奥勃鲁切夫

征服了威胁牛羊的炭疽病，巴斯德又满怀信心地向威胁人类健康的疾病挑战。

为了研究霍乱病，巴斯德有一位年轻的助手深入霍乱流行地区，不幸染病去世，巴斯德为此难过了好一阵子。可这令人悲痛的意外事件，并没有动摇他，更坚定了他要去战胜传染病的决心。

也许是童年时期对狂犬病恐怖的记忆，导致他在众多的传染病中把主攻方向对准狂犬病。

1880年时，巴斯德就开始着手狂犬病的研究了。第一步是要找到狂犬病的病原微生物，巴斯德收集了一个死于狂犬病的孩子的唾液，在其中发现了一种微生物，他用这些唾液注射在兔子身上，兔子死了。可这种微生物就是狂犬病的病原微生物吗？为什么用唾

液接种后动物死亡很快，而狂犬咬伤后却有很长一段潜伏期呢？他们又检查了死于其他病症的人甚至是健康人的唾液，也常能发现这种微生物。于是，问题澄清了，这种微生物不是狂犬病的病原微生物。

事实上，狂犬病的病原微生物是病毒，病毒极小，只有用电子显微镜才能看到，在当时，巴斯德他们是无法找到的。

找不到病原微生物并不能阻止巴斯德的进一步研究，他开始采取较为危险的行动——直接从狂犬口中收集唾液，注射给兔子。

然而这种方法总是令人焦燥不安，因为它的潜伏期很长，常常是几个月都过去了，而人们还在焦急地等待结果。显然，唾液不是很好的病毒来源。

→巴斯德时代的显微镜

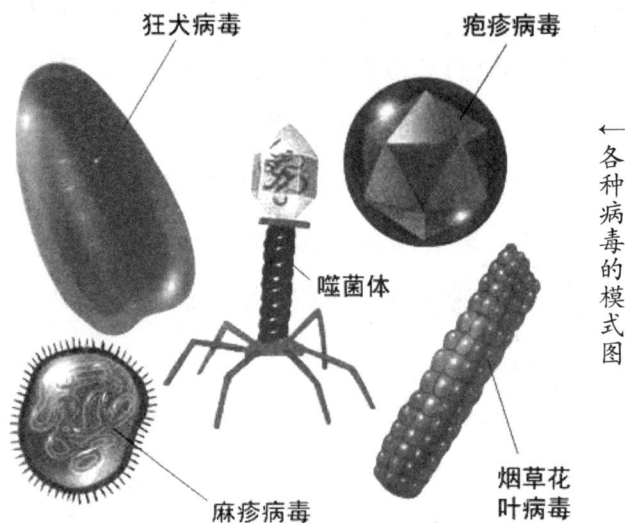

狂犬病毒　疱疹病毒

噬菌体

麻疹病毒　烟草花叶病毒

各种病毒的模式图

巴斯德对狂犬及狂犬病患者的表面症状做了大量的观察和分析，他认为这种看不见的敌人一定是袭击了神经系统，这种病毒开始时在身体其他组织内存在，最后侵入到神经系统。于是巴斯德用狂犬的延髓给狗和兔子接种，果然使它们都患上了狂犬病，但也有一个较长的潜伏期。

不知什么突然拨动了他的灵感，这些病毒在身体其他部位存活最终侵袭了脑，那么为什么不能直接将病毒接种在脑子里呢？他对鲁说："我们也许可以用动物的脑子来代替一瓶肉汤培养基……可惜我们无法把病毒直接送到狗脑子里去……"

鲁马上说："我可以环锯狗的头颅，决不损伤它的

法国巴斯德研究所旧址（现为巴斯德研究所博物馆）

脑子，这样就可以接种了。"

"不行，你会把这个可怜的家伙害死，它会瘫痪的，我不允许这样做！"一时的仁慈几乎断送了他又一伟大的发现。

可鲁并没有放弃这个想法，一天他乘巴斯德不在，真的环锯了一只狗的头颅，并注射进去一点狂犬的脑子。

当巴斯德看到鲁成功地实施了这一手术后，十分满意。不到两周，这条狗开始嚎叫，乱咬笼子，最后死于狂犬病。

他们找到了繁殖狂犬病毒的最好方法，接下来就是一次又一次的接种，连续一百次接种后，潜伏期缩短到了7天，此时的病毒毒力很大。接种的成功和潜伏期的缩短这两个进展并没有使巴斯德满足，他要找的是征服这种病毒的方法。

他们与看不见的敌人展开了较量，一百次接种总会导致一百次死亡，怎样才能使病毒减毒呢？

巴斯德想到把带病毒的延髓放上一段时间也许会使毒力减少，于是他从一只死于狂犬病的兔脑中取出一片延髓，用线绳吊在消过毒的瓶子里，瓶底放置几块氢氧化钾以脱去空气中的水分，瓶口用棉球塞住以防大气中的灰尘落入瓶内。然后，将放置了14天的延脑捣碎掺上水给狗注射，第二天再将放置了13天的给狗注射，连续接种下去，最后一天使用了当天死亡的兔子的延髓。然后将连续接种过的狗无论是放入狂犬笼中任其被咬还是进行颅内接种，都不能使这样的狗再患狂犬病了。

整整3年的辛勤探索，终于有了结果，巴斯德兴奋异常，他脑子里策划着

←法国巴斯德研究所

大规模的接种计划，他向一位兽医权威建议，用减毒延髓给全国的狗接种，这位兽医哈哈大笑："全国250万只狗，如果每只要连续14天注射你的疫苗14次，你到哪里找人手？哪里有这么多的时间！天知道你到哪里去找来那么多的兔子？"

巴斯德思量起来，一个被狂犬咬伤的人总有几个星期的潜伏期，我们是否可以在这一时期给人接种疫苗呢？巴斯德让鲁和尚贝朗将疯狗放入健康狗的笼子里，任其乱咬，然后马上给被咬的狗注射疫苗。14天后，巴斯德和助手们进入了焦急的等待，1周，2周，1个月过去了，狗安全无恙，可巴斯德他们却熬尽了心血，常常是彻夜不眠。巴斯德夫人写信告诉孩子："你父亲全神贯注于他的思考中，说话很少，睡眠很少，天一亮就起床，一句话，还是继续我在35年前的今天开始与他共同生活时的那种生活。"巴斯

↑1884年巴斯德准备在哥本哈根研制狂犬病疫苗

←巴斯德化验所

德连他们结婚35周年纪念日也忘得一干二净。

几个月过去了，这只被狂犬咬伤又接种了疫苗的狗十分正常，他们又一次成功了，巴斯德立即将这一成果向教育部长报告，请求有一个委员会进行鉴定。这个委员会由医学界的权威构成，他们立即投入工作，两个月后，他们向教育部长送上报告，证明巴斯德预防狂犬病的方法是可信的。

1884年，巴斯德再一次代表法国出席在哥本哈根举行的国际医学大会。

他代表法兰西发言："我们大家出席了这次大会，证明科学是中立的。科学不分国界。但是，科学家却应该记住，要尽一切努力为祖国争光。在每一个伟大

的科学家身上都可以同时看到他是一个伟大的爱国者。"接着，他报告了他战胜狂犬病所走过的历程，当他宣读完论文，整个会场沸腾起来，大家报以长久而热烈的掌声。

巴斯德名声大振，从世界各地发来的信件堆满了巴斯德的实验台，人们请求巴斯德救救他们的亲人。把疫苗用在人身上，巴斯德一想起这些就头皮发麻，这不像炭疽病菌苗，即使有什么差错也只不过是损失几头牛羊，这是人命关天的大事，半点马虎不得。巴斯德实在为难，他又开始夜不成眠了，只要一闭上眼睛，就会出现种种可怕的情景：孩子痉挛着死在自己的手上……

巴斯德甚至要拿自己做实验，他在给老朋友的信中说："我真想在自己身上试验：用狂犬病接种，然后控制其后果；因为我已经感到自己的实验是万无一失的。"

就在这时，一位焦急的母亲领着9岁的儿子梅斯特来到巴斯德实验室，请求巴斯德救救他的孩子。原来，两天前梅斯特在上学的路上被疯狗咬伤达14处之多。剧烈的伤痛已使孩子无法行走。怎么办？巴斯德有些犹豫，能不能给孩子使用疫苗？后果会怎样？万一失败了，一直在寻找战机的对手们会群起而攻击，但不接种，孩子必死无疑。对于巴斯德来说，保全自己的声誉完全无法与抢救孩子的生命这种责任感相比。

1885 年 7 月 6 夜里，人类揭开了战胜狂犬病的新篇章，巴斯德给小梅斯特注射了第一针，此后连续 14 天的接种，连续 14 天的心神不宁，巴斯德又一次失眠了，可他不能退却，只有坚持。在这场从死神手中夺回孩子的搏斗中，巴斯德经历了一连串的希望、忧虑、痛苦和焦急。

一天天过去了，孩子的伤好了，一切都很正常，巴斯德成功了，他开始着手组织建立预防狂犬病的研究机构。

10 月，又来了一位小患者——羊倌朱皮叶，这是一个勇敢的孩子，当几个小伙伴一起放羊时，一只疯狗冲过来，孩子们四散奔逃，朱皮叶却挺身而出，与疯狗展开了搏斗，厮打在一起，最后终于将狗压倒在地，在弟弟的帮助下打死了疯狗，可他的左手被严重咬伤。当地

←巴斯德研究所塑像：抱着患儿的母亲。

的人们为小朱皮叶的事迹所感动，市长亲自写信给巴斯德请求帮助。尽管孩子已经被咬6天了，但巴斯德仍然充满信心，他认为6—8天内接种都可以有效。小朱皮叶真的得救了，他很快养好伤，一切正常。

巴斯德把这一成功在科学院进行报告，科学院院长激动地说："我们有权说，这次会议的日期将在医学史上永远值得纪念，在法国科学史上永放光辉；因为，这是在医学史上迈出的最巨大的一步……从今天起，人类掌握了战胜狂犬病这一致命的顽症、抵御其进攻的武器。这一切都归功于巴斯德先生……"

11月，又来了一个10岁的女孩，她被疯狗咬伤已达37天，巴斯德犯难了，这时预防接种已没有什么希望了，万一失败，别人还会来吗？出于对这一新疗法的保护，不应该为她接种，可巴斯德无法对孩子的性命之危无动于衷，他还是给她接种了，但小女孩还是在1个月后发病了。巴斯德守在孩子的身边久久不愿离去，"我真希望能救治你们的孩子！"巴斯德对孩子的父母说着，禁不住泪水夺眶而出。

反对者们果然又开始洋洋得意了，他们认为小女孩的死会吓跑别的病人，但事实并非如此，人们仍然从四面八方来到这里。

4个美国病儿靠募捐集资被送来了，当他们健康地

← 法国巴斯德研究所

回到纽约时，受到了热烈的欢迎。

19名俄国农民来了，他们受到疯狼的袭击已经两周了，过了预防接种期，巴斯德为了争取时间，决定每天为他们注射两针。尽管有3个人死亡，反对者们又开始喋喋不休，但不怀偏见的人仍然为此而欢呼，因为如果不进行治疗的话，这19名俄国人按过去的统计发病率应有16名死亡。

16名幸存者回到俄国，引起轰动，沙皇为此委托他的弟弟送来了圣安妮十字勋章，并为巴斯德研究所捐赠了10万法郎。

一切热爱科学热爱真理的人都为巴斯德欢呼，人们自发地组织起来为巴斯德研究所捐款，其中有百万富翁，也有穷困的工人，有科学家、医生等，还有妇

女和儿童，当巴斯德在私人捐款的名单中看见了他第一个患者小梅斯特的名字时，真是又惊喜又感动。

巴斯德关心着他的每一位病人，并一直与小梅斯特和小朱皮叶有通信联系，他总是鼓励他们好好学习，长大做个有用的人。

1888年10月底，巴斯德的研究所在来自各方面的支持下，终于竣工了。巴斯德邀请共和国总统前来主持落成典礼，总统答复说："我一定前往，你的研究所是法兰西的光荣。"

11月14日，人们聚集在新研究所的图书馆里，召开了隆重的庆祝大会，人们颂扬巴斯德，颂扬他为人类做出的伟大贡献。

这是多么令人激动的场面啊！巴斯德嘴唇颤抖着说不出话来，只好让他的儿子代读发言稿。

尽管巴斯德的身体已渐渐不支，但他的热情却不减，他对科学的爱是无止境的。

→ 法国巴斯德研究所雕像

相关链接
XIANGGUAN LIANJIE

狂 犬 病

狂犬病是一种人畜共患疾病（由动物传播到人类的疾病），由一种病毒引起。狂犬病感染家畜和野生动物，然后通过咬伤或抓伤，经过与受到感染的唾液密切接触传播至人。

除南极洲以外，其他各洲都存在狂犬病，但95%以上的人类死亡病例发生在亚洲和非洲。一旦出现狂犬病症状，几乎总会致命。

症状

狂犬病潜伏期通常为1—3个月，短则不到一周，长则一年以上。狂犬病最初症状是发热，伤口部位常有疼痛或有异常或原因不明的颤痛、刺痛或灼痛感（感觉异常）。随着病毒在中枢神经系统的扩散，发展为致死的进行性脑脊髓炎。然后可能出现以下两种情况：狂躁性狂犬病，患者的症状是机能亢进，躁动，恐水，有时还怕风。数日后患者因心跳呼吸衰竭而死亡；早瘫性狂犬病，约占人类死亡病例总数的30%。与狂躁性狂犬病相比，其病程不那么剧烈，且通常较长。从咬伤或抓伤部位开始，肌肉逐渐麻痹。然后患者渐渐陷入昏迷，最后死亡。早瘫性狂犬病往往遭误诊，造成狂犬病低报现象。

据世界卫生组织信息显示：

150多个国家和地区存在狂犬病。

全世界每年有超过5.5万人死于狂犬病。

被疑似患有狂犬病的动物咬伤的受害者中，15岁以下儿童占40%。

99%的人类狂犬病死亡病例由狗引起。

在与疑似患有狂犬病的动物接触之后几个小时内采取清创和免疫措施可以预防狂犬病和避免死亡。

每年全世界共有1500多万人在接触后接受预防治疗，以防狂犬病。估计此项治疗每年挽救了32.7万多人的生命。

化作春泥护新花

当你做成功一件事，千万不要等待着
享受荣誉，应该再做那些需要的事。
——巴斯德

巴斯德的身体日渐病弱，可他只要还能坚持就
决不倒下。每天清晨，他拖着沉重的脚步来到狂犬
病治疗门诊，他总是比患者到得早。他亲自参与制
备疫苗，就连细枝末节也不放过。接种前，他要了
解每位患者的姓名，并安慰他们，常常给贫穷的患
者以物质资助。巴斯德最喜欢孩子，每当看到小患
者因痛苦和恐惧而哭闹时，他便耐心地劝慰并为他
们擦干眼泪。许多孩子在很多年后仍清晰地记得那
位慈爱的爷爷。巴斯德常说："我看到孩子时，便激
起了两种情感，对今天的孩子同情爱护，对他们日
后长大成才表示尊重。"

1892年12月27日，巴斯德70寿辰纪念日，人们
在索邦大剧院为这位杰出的人物举行了隆重的庆祝活
动。索邦大剧院座无虚席，出席庆典的有参众两院议

长、部长们及各国大使，还有学者、教授们及外籍科学团体代表和各行各业的代表，巴斯德的学生们也都出席了大会。

10点半，共和国卫队乐队高奏凯旋进行曲。巴斯德在总统卡诺搀扶下，进入会场。全场为他欢呼。教育部长在致词中说："愿法兰西永远拥有你，把你作为最值得她爱戴、感激不尽而自豪的人物奉献给世界。"科学院院长、老同事等人先后致词颂扬巴斯德的功绩。李斯特代表英国皇家学会致词后，巴斯德与李斯特紧紧拥抱，此情此景充分显示出了科学界为努力减轻人类的忧患而缔结下的兄弟般的情谊。

人们爱戴巴斯德，越来越多的人理解了他的工作的价值。1893年11月的一天，一位素不相识的妇女，来到了巴斯德的书房。她拿出一笔钱对巴斯德说："这里一定有热爱科学的学生，但由于他们得谋生，无法献身于无私的事业，我愿意提供四份奖学金，由您支配，供给您挑选的四位青年人学习。"

巴斯德开创的事业蓬勃发展，后继有人。他的学生们在世界各地进行着他未完成的工作：卡尔梅特在里尔创建了一所巴斯德研究所；勒当泰克在巴西研究黄热病；卢瓦尔当上了突尼斯巴斯德研究所所长；尼科尔在君士坦丁堡成立了一所微生物研究所；耶尔森在中国研究鼠疫取得突破性成果；迈契尼可夫发现白血球的免疫功能……

特别值得一提的是鲁的出色研究。鲁经过反复探索，成功地制备出了白喉疫苗，为千百万孩子解除了痛苦，为千百万孩子家长带来了希望。鲁被邀

请去作白喉治疗的学术报告，巴斯德在台下听着自己的学生条理井然地阐述攻克这一重大课题的过程，心里充满了无限的激情，他为年轻一代的成长而高兴。

1894年11月，巴斯德患了尿毒症，他的身体越来越弱，学生们轮流守护在他的床边，焦急地盼望他能恢复健康。朋友和同事们经常来看望他，巴斯德总是尽量宽慰大家，他很少谈自己的病，以免大家为他担心。夏皮也经常来看他，他们倾心长谈，情深意笃。

巴斯德已走到人生旅途的最后阶段，他平静地对待自己的状况，每天沉浸在对往事的回忆中。他的病越来越重了，连走路也很困难了，甚至连说话也困难了。

1895年9月27日，巴斯德开始昏迷，他一手握着夫人的手，一手握着十字架，一连24小时一动不动。9月28日，这位伟大的科学家在家人及学生的守护下，安然长逝。

巴斯德走了，但他为人类留下的财富是取之不尽用之不竭的。

巴斯德研究所

巴斯德研究所由路易·巴斯德于1887年在法国创立，是目前全球规模最大、历史最悠久、综合实力最强的传染病研究机构。该研究所是一个公益型私人基金会，其职能是致力于对疾病的预防和治疗的科学研究、培训和其他公共卫生行为。它既是生物学基础性研究中心、大学后教学中心（研究与诊断培训），又是专门的

巴斯德研究所办公楼

生物医学中心、传染病专科住院中心、热带病理学和免疫系统疾病中心。巴斯德研究所包括一个历史展馆、一个科学展馆和一个新建的以图书馆为主体的科学信息中心。巴斯德研究所在世界各地拥有20多个分所，包括：科特迪瓦、中非、希腊、意大利、阿尔及利亚、突尼斯、摩洛哥、越南、俄罗斯、塞内加尔、马达加斯加、伊朗、柬埔寨、罗马尼亚、喀麦隆、玻利维亚和中国等。2004年10月法国总统希拉克访华期间，主持了巴斯德研究所上海分院的揭牌仪式。

法国总统希拉克为中国科学院上海巴斯德研究所揭牌

相关链接
XIANGGUAN LIANJIE

纪念巴斯德的铜牌

第一块：身着民族服装的路易·巴斯德夫妇

　　正面以浮雕的形式展现了路易·巴斯德的侧面头像，上部是他的生卒年份1822和1895，右侧竖排有作者"G.PRUD'HOMME 1910"字样，下部是巴斯德的原文名字。反面是巴斯德的夫人玛丽在实验室里工作的情形，她面向窗户注视着手中的容量瓶，实验台上面的显微镜、水瓶、过滤漏斗和瓶子、本生灯和火焰、试管

（架）、蒸馏瓶、研钵和毛细管（盒）清晰可见；凳子上面有3本厚书，下面有一个甚至我们现在还经常用到的那种带松紧带的风琴资料夹。窗外的树木依稀可见，显现出实验室的恬静和幽雅的环境。

金属：货币青铜。

尺寸：高73毫米、宽52毫米。

重量：155克。

第二块：戴着眼镜身着礼服的路易·巴斯德

正面下部是巴斯德的生卒年份和他戴眼镜的高浮雕正面像。反面的字是"疾病微生物理论的先驱"，中间是几个蒸馏器。

直径：30毫米。

厚度：2.2毫米。

重量：11.8克。

第三块：戴着帽子和夹鼻眼镜的老年路易·巴斯德

用细菌学医治狂犬病的高浮雕艺术铜牌，直径45毫米，由纽约的奖章艺术公司1972年铸造，是医学系列历史的一部分。

正面的巴斯德老人双眉紧锁、处于苦思冥想中并做深沉状，他的左面是蚕和桑、右面是一串葡萄。这个布局体现了巴斯德一生致力的研究和取得的成果。反面是一只疯狗在咬人，有"第一个接受预防狂犬病接种的人——1885年7月6日"字样。

第四块：巴斯德学院颁发的老年路易·巴斯德纪念银牌

路易·巴斯德银牌，直径38毫米，边沿有"银质（ARGENT）"字样和铸币标志，重量25.6克。

这块华丽的银牌是1892年前后由著名的雕刻家OSCAR ROTY（1846—1911）为庆祝巴斯德70岁寿辰和1888年前后受到国际捐献在巴黎建立"巴斯德学院"雕刻而成的。

正面是轮廓分明的巴斯德（1822—1895）肖像式的老年头像和他名字的全文，以及雕刻师的签字"O. Roty"。注意把"U"写成"V"是19世纪的书写特点。反面是一支茂盛的橄榄枝、巴斯德学院全文，右下角是罗马文字和罗马数字表示的1888。

第五块：南美乌拉圭的巴斯德纪念铜牌

科学无国界，巴斯德的研究和他的声望不但在他的祖国受到尊重，并且在世界其他国家同样名声显赫。远在南美的乌拉圭于1923年发行了一块纪念巴斯德的铜牌。正面是他的表情严肃、棱角分明的中年高浮雕头像，左侧是"光荣属于巴斯德"、右侧是"蒙得维的亚（乌拉圭首都）1923"字样，右下的小字是雕刻师TAMMARO的签字。背面写的是"南美微生物、保健和病理学第三届会议和医学教学会议"。

直径：32毫米。

厚度：2.0毫米（下面衣服处的最大厚度为2.5毫米）。

重量：13.8克。

巴斯德的影响在20世纪初期已经传入中国，1923年，在天津法租界内的巴斯德路设立了巴斯德研究院，从事狂犬病防治及细菌学、血清学的研究工作。巴斯德路在和平区，现称赤峰道。